Mr.Know All 浩瀚宇宙

小书虫读科学

宇宙到底在哪里

《指尖上的探索》编委会 组织编写

作家出版社

宇宙是由空间、时间、物质和能量所构成的统一体，是一切空间和时间的总合。一般理解的宇宙指我们所存在的一个时空连续系统，包括其间所有的物质、能量和事件。这样看来，你知道宇宙在哪里吗？你了解宇宙中的天体系统和星球吗？

图书在版编目（CIP）数据

宇宙到底在哪里 /《指尖上的探索》编委会编. --
北京：作家出版社，2015.11（2022.5重印）
（小书虫读科学）
ISBN 978-7-5063-8522-0

Ⅰ.①宇… Ⅱ.①指… Ⅲ.①宇宙—青少年读物
Ⅳ.①P159-49

中国版本图书馆CIP数据核字（2015）第279608号

宇宙到底在哪里

作　　者　《指尖上的探索》编委会
责任编辑　杨兵兵
装帧设计　高高 BOOKS
出版发行　作家出版社有限公司
社　　址　北京农展馆南里10号　　邮　编　100125
电话传真　86-10-65067186（发行中心及邮购部）
　　　　　86-10-65004079（总编室）
E-mail:zuojia@zuojia.net.cn
http://www.zuojiachubanshe.com
印　　刷　北京盛通印刷股份有限公司
成品尺寸　163×210
字　　数　170千
印　　张　10.5
版　　次　2016年1月第1版
印　　次　2022年5月第2次印刷
ISBN 978-7-5063-8522-0
定　　价　33.00元

Mr. Know All

《指尖上的探索》 编委会

目录 Contents

第一章　宇宙中的天体

第六章　人类对宇宙空间的探索

晴朗的夜空下，我们总喜欢仰望星空，对着天空中的星星展开无尽的遐想。思索浩渺的宇宙中究竟有着怎样奇特的未知世界。为什么星星会一闪一闪地眨眼睛呢？漂亮的狮子座流星雨又是怎么样产生的呢？还有，星星是怎么样发光的呢？其实这一切都是宇宙中的天体在"作怪"！想知道这些问题的答案吗？那么就让我们一起去探索宇宙天体的奥秘吧！

第一章

宇宙中的天体

1.宇宙中有哪些天体

在远古时代，人们可以在晴朗的夜空中看到许多明亮的星星，那时候在地球上，大部分地区都没有现在这么严重的污染，因此那时候人类可以凭借肉眼看到非常暗的光，而我们看见的这些星星就是宇宙中天体的光。那么，什么是天体呢？宇宙中又有哪些天体呢？

天体是什么呢？其实宇宙中各种星球、星际空间的气体和尘埃等所有物质都是宇宙天体，科学家对天体形成的各种现象进行了研究探索。其实天体是真实存在的，宇宙中的天体包括：恒星（如太阳）、行星（如地球）、卫星、彗星、小行星、星团、星系等。

你知道宇宙中相对比较重要的是哪类天体吗？其实是恒星。恒星是炽热的气体星球，并且自身会发光发热。我们看见的太阳光就是太阳这颗恒星发出来的，在夜晚我们所见的众多星星中除了月亮和行星等之外大部分都是恒星。行星是自身不会发光的天体，但它们围绕恒星运转。卫星像行星一样自身不会发光，但卫星的表面因反射恒星的光而发亮，卫星围绕行星运动，我们看到的月亮就是绕着地球运动的一颗卫星。彗星是冰物质组成的绕恒星运行的天体，当它与恒星的距离很近时，冰就会受热融化、蒸发或升华，于是就拖出一条长长的尾巴。流星体和彗星一样绕恒星运行，而且一般质量较小，当成群的流星体聚集在一起的时候就称为流星群。

2.闪亮的恒星是什么

晴朗的夜晚，我们总会看到天空中许多闪闪发亮的星星，它们都是恒星吗？到底哪些天体才是恒星呢？恒星又是怎么样定义的呢？

恒星是宇宙天体中最重要的天体之一。恒星是炽热的气体星球，并且恒星自身会发光发热。大家记得后羿射日的故事吗？其实太阳就是已知的一颗离地球最近的恒星，夜晚天空中我们所见的众多星星中除了月亮和行星外都是恒星。你知道恒星名字的由来吗？其实在古代，人们就把它们叫作"恒星"了，就是说它们是永久不变的星星。恒星离地球的距离非常远，在不借助于特殊仪器的前提下，我们很难观测到它们在天上的位置变化情况。随着科技的发展和人类认知能力的提高，今天我们知道恒星是在不停地高速运动着的，例如太阳带动整个太阳系绕银河系中心做运动。

恒星最重要的特征是什么呢？就是温度和绝对星等。恒星不同，其温度当然各异，而人类目前的科技水平只能测量到部分恒星的表面温度，至于更复杂的关于恒星温度的问题，还有待进一步的科学探索、研究。就像人类有体温一样，我们一般用有效温度来表示恒星表面的温度。恒星的光与有效温度有关，当恒星的光越偏向蓝色的时候表明恒星表面的温度越高，温度越低时，它的光越偏向红色。恒星的亮度一般用绝对星等来表示，恒星越亮时绝对星等值越小。在温度相同的情况下，恒星的绝对星等与体积有关，体积越大，绝对星等就越小。

3.恒星为什么会发光

离地球最近的恒星是太阳，是太阳给予了地球上的万物以阳光，假如没有了阳光，地球上的所有生命将走向毁灭。那么太阳为什么会发光呢？恒星又是怎样发光的呢？

恒星通常都是由炽热的气体所构成的星球，具体地说，大约是由 70% 的氢和 28% 的氦组成的。在恒星的表面上，其实温度是非常高的。在这种高温的情况下，氢原子通过原子之间的热碰撞发生了电离，而且恒星会吸收周围星云，尽管恒星表面温度不变，但其中心温度会不断升高，恒星内部的温度甚至达到了不可思议的高度，在这样高的温度下，一旦核心的密度达到了一定程度，氢就会发生核聚变反应，然后稳定地转换成氦。在核聚变反应过程中，恒星质量会减少，减少的这部分质量就会以能量的形式释放出来。这些能量再以辐射和对流组合的方式从恒星表面发射到空间中，因此，在我们看起来它们在宇宙中是闪闪发光的。

我们以太阳为例，看一下恒星发光的过程。太阳中的氢含量约占太阳总质量的 70%，而且太阳中心的压力也非常大，因此温度就非常高。在如此高的温度下，氢原子核热运动速度也是非常高的，高速运动的氢原子核结合成一个氦核。在这个过程中，氦核质量比两个氢核的质量小。两个氢原子核损失的质量转化成能量，就会放出大量的热。这些热通常会以辐射和对流的形式到达太阳的表面，在高温的情况下，气体中的电子受到激发，发出以可见光为主的电磁辐射，这些就是我们在地球上可以看到的太阳光。

4.恒星怎样衰亡

在宇宙当中，尽管恒星的质量是极大的，但是随着时间的流逝，它们也是会灭亡的，那么在它们的一生中，它们是怎么样变化的呢?

恒星的演化一般是从主序星开始的，当氢在稳定地燃烧的过程中形成氦时，其实主序星就形成了。宇宙当中大部分的恒星都是主序星，它们的共同特征就是核心区都有正在燃烧的氢。主序星时期恒星的主要成分是氢，而氢的着火温度比较低，此刻的恒星处于氢的燃烧阶段。在这一阶段，恒星内部压力分布是十分均衡的，表面温度和光度保持稳定。

氢在核聚变过程中产生了氦，在核心区的氢燃烧结束后，核心区的主要成分是氦，而外部的主要物质则是还没有经过燃烧的氢。由于引力的作用使得恒星内部收缩，因此恒星内部的温度升高，外围未燃烧的氢将燃烧。核心区在没有核能源的情况下处于高温状态，因此将继续收缩。氢所释放的核能传递到外围时，不燃烧的氢层将发生剧烈的膨胀，而膨胀又会促使恒星的表面温度逐渐降低，恒星的光度不断增加、半径不断变大、表面不断变冷。开始从主序星向红巨星过渡，核心温度将达到氢着火的温度，接着又进入氦燃烧阶段。

在恒星核心发生氦点火前，有一个温度升高的过程，核反应速率将会增大，燃烧加剧并发生爆炸，这种现象称为"氦闪光"。此刻恒星亮度突然上升，后来又降得很低。"氦闪光"之后又会怎么演变呢? 闪光过程中，能量的释放吹走了恒星外层的氢气，氦的核心区结束了以氦燃烧的演化，最后恒星走向热死亡。

5.星星为什么会闪呢

晴朗的夜空下，我们时常可以看见天空中的星星在一闪一闪地眨着眼睛，这种情况是怎样产生的呢？

其实星星本身并没有在闪烁，从我们的角度看上去它们似乎在闪烁是因为当我们看星星时，光线要通过地球上空大气层的缘故。当星星的光线到达地球时，光线要经过冷热不均衡的大气层，不同的大气层对光线散射的程度不一样。而人类能看到的只是众多恒星中的一小部分，大部分恒星是无法看到的。大气层的温度变化会影响光线的运动路线，当光进入大气层时，光线发生散射，一般会发生方向改变，而方向改变的幅度大小与温度的高低有关。暖空气使光的方向改变的幅度相对较小，这是因为暖空气中的各分子之间距离相对比较远，造成相对较少的散射。而冷空气恰好相反，它对光的方向的改变幅度影响很大。

由于大多数天体离地球距离较远，当光线进入大气层时，在不同温度的空气中会有不同的散射程度。若光线偏离程度较大，星星在我们的眼中便好像消失了。而当光线偏离程度较小，就会刚好进入我们的眼睛，我们就又能看见星星了，因此我们就感觉星星在闪烁。而太阳及月亮发出的可以到达地球表面光线有很多，在通过大气层时即使部分光线散射程度大，却依然有很多光线能进入人眼，所以太阳和月亮看起来很稳定。

6. 天上的星星为什么有明暗的区别呢

晴朗的夜晚，当我们观察天上的星星时会发现这样一个现象：夜空中的星星有的非常明亮，有的却很暗淡。我们一般认为，体积较大的星星通常比较亮，而体积较小的星星则比较暗。但我们看到的是太阳和月亮最亮，那么太阳和月亮就是最大的吗？科学家证明这是不对的。那么天上的星星为什么有明暗的区别呢？

其实，影响星星的明暗与星星本身和距离地球的远近均有关系，星星发光能力的大小是影响星星明暗的直接因素，而星星和人们距离的远近则是间接因素。发光能力强的星星在距离地球较近时，人们就会感觉它亮度大。若是星星距离地球十分远的话，即使它的发光能力相当强，那么在我们的眼中也会变得暗淡无光了。

那么，你知道星星距离地球究竟有多远吗？以太阳为例，太阳是距离地球最近的恒星，它离地球的距离是 14960 万千米。而宇宙中其他的恒星与地球之间的距离只能用"光年"来表示了。1 光年的距离有多远呢？想象一下，光 1 年所走的路程大约是 94600 亿千米，这就是 1 光年的距离。已知的距离太阳系最近的恒星比邻星和地球的距离约是 4.22 光年。

光从比邻星到达地球需要约 4.22 年，而人就更难企及了。宇宙之大，令人顿生渺小之感。

7.天体间的距离怎么样测量呢

在日常生活中，我们对于距离的测量都有着一定的方法，米是日常距离测量的基本单位，那么在宇宙中星辰间的距离有多远呢？这些距离又是怎么样测量的呢？

月球是目前已知的距离地球最近的天体。在 18 世纪的时候，法国天文学家拉卡伊用三角视差法对地月间的距离进行了科学的测量。测量结果与现代测定的数值很相近。天体之间的距离已经远远超出了我们的视线。那么天体间的距离又应该怎么样测量呢？

科学技术的发展促进了测量天体距离方法的更新。从测量地月距离的雷达法，再到测量太阳与行星距离的开普勒定律法，以及光谱法、红移法等，人类对于天体的认识也不断更新。由于宇宙的浩瀚无边，天体间距离的单位也与我们日常生活中的距离单位大不相同。天体距离单位通常有天文单位、光年和秒差距三种。

目前，测定恒星距离的方法主要有以下三种：

（1）三角视差法是测量天体距离的基础方法，科学家已经使用这种方法测量了成千上万颗恒星。不过三角视差法仅对相距 500 光年以内的天体比较适用。

（2）而对于距离更加遥远的恒星，比如超过 150 秒差距、无法用三角视差法测出的天体，我们一般采用分光视差法测量。该方法的核心是根据光谱强度确定恒星的光度，计算出恒星的绝对星等，最后根据视星等就可以得到距离了。

（3）而谱线红移测距法适用于远达百亿光年距离的天体之间，根据哈勃定律测出的河外星系谱线的红移量计算天体的距离。

8.什么是行星、小行星

浩瀚的宇宙就像母亲温暖的胸怀一样，在这里有它众多的"孩子"——天体，我们知道恒星是天体中的主体，那么行星在宇宙中又是怎样的呢？就让我们来了解一下行星的世界吧！

行星是本身不发光的圆球状天体，而且围绕恒星运动。行星的质量需要在一定的范围内，不能像恒星那样由于质量过大而发生核聚变反应，它们的公转方向与恒星的自转方向是相同的。行星通过表面反射恒星的光而发亮，因此我们能看到一些行星。在古代的时候，天文学家记录一些特定的光点，然后观测这些光点怎样移动跨越天空。古希腊人称之为游星即我们现在所说的行星，之所以称它们为行星，是因为它们在天空中的位置是不固定的，就好像它们在时刻移动一样。小行星也是一种天体，它们在太阳系内像行星一样环绕着太阳运动，但是体积和质量要比行星小得多。太阳系中大多数小行星的运行轨道都在火星和木星之间，这里被称为小行星带。

太阳系内肉眼可见的 5 颗行星是水星、金星、火星、木星和土星。在古代文明中，人们认为宇宙的中心是地球，地球是静止的而不是会移动的，并且所有的"行星"都围绕着地球旋转。直到哥白尼的"日心说"取代了"地心说"，人类才了解到地球是绕太阳公转的行星。后来人类又依次发现了太阳系内的其他行星，还有为数不少的小行星。科学家发现距离太阳最近的行星是水星，然后按照距离太阳由近及远的顺序依次是金星、地球、火星、木星、土星、天王星、海王星。

宇宙中有无数大小不同、形态各异的行星，这些行星始终是人们渴望了解的领域，那么在宇宙中，行星是怎么样运动的呢？

行星是围绕恒星运动的天体，其本身具有公转和自转两种形式。公转是行星环绕恒星的运动，行星的公转轨道具有共面性、同向性和近圆性三大特点。共面性指的是行星的公转轨道面几乎在同一平面上，同向性指的是它们公转的方向是一致的，而近圆性指的是它们的运行轨道接近于圆形。自转是自动旋转的运动，天体会沿一条自转轴进行旋转，自转轴穿越天体内部的质心。像卫星、行星、恒星等天体绕着自转轴的转动都叫作自转。例如：地球的自转产生了白天和黑夜，而地球的公转形成了地球上的春夏秋冬四季变化。

在研究天体运动的多年探索中，科学家也发现了天体运动的规律。德国天文学家开普勒在总结前人工作的基础上，通过自己的观测和分析，于1609～1619年先后归纳并提出了行星运动的定律，即著名的开普勒三定律。

（1）开普勒第一定律：所有的行星分别是在大小各异的椭圆形轨迹上围绕着太阳运动的，太阳位于这些椭圆的焦点上。

（2）开普勒第二定律：太阳和运动中的行星的连线在相等的时间内扫过的面积是相等的。

（3）开普勒第三定律：所有行星的椭圆轨迹的半长轴的三次方与公转周期的平方的比值都相等。

宇宙空间中的所有天体都将遵循这三个定律运动，至于宇宙未来的变化是否会引起行星运动的改变仍然是个未知的问题。

木卫二

10.什么是卫星

中国的航空航天事业于20世纪五六十年代起步。1970年4月24日，中国在酒泉卫星发射中心成功发射了第一颗人造地球卫星"东方红1号"，成为世界上第五个成功发射卫星的国家。数十年来，中国致力于航空航天事业的发展，卫星研发技术日益提高。那么什么是卫星呢？它们有什么作用呢？

卫星是天然天体或者人造天体，它们均围绕行星沿着闭合轨道进行周期性的运行。卫星按照不同的因素可分为多种类型的卫星，按照卫星所围绕的行星的不同，我们将卫星分为地球卫星和其他星球的卫星。而地球卫星又可以分为天然卫星和人造地球卫星两大类。天然卫星以行星为中心在旋转，而行星又环绕着恒星运转。就像在太阳系中，地球以及其他行星以太阳为中心在不断地转动，月亮、土卫一等卫星则环绕着我们的地球以及其他行星运转，它们都是行星的天然卫星。而人造卫星是由人类制造的一种装置，它能够通过太空飞行工具如火箭、航天飞机等发射到太空中，可以像天然卫星一样环绕着行星做周期性的运动。

谈到卫星的作用，天然卫星是自然形成的，因此它们的具体作用我们无法一一列举。例如地球的天然卫星——月球对于地球自转、潮汐等均有一定的影响，而且古人常用月亮来记录时间。而人造卫星由于发射目的不同而有不同的用途，装有照相设备的卫星可以在对其他星球进行观测时，用来照相、侦察地形地貌等。你知道我们所看的电视节目是怎样接收到的吗？其实就是装有通信转播设备的卫星转播了通信信号，因此卫星是影响人类生活的重要的一部分。

晴朗的夜晚，我们偶尔会看到一条扫帚似的光迹划过天空，我们称之为"扫帚星"，那么它到底是什么呢？其实那是拖着一条长尾巴的彗星！

彗星是宇宙星体与星体间的物质，彗星的称法是从希腊文演变而来的，寓意是长发星的意思，而在中国文化中的"彗"则指的是"扫帚"。在中国古代，因为彗星的形状像扫帚，因此被称为"扫把星"。而且"扫把星"在中国古代代表着不祥的事情，因此当彗星出现时，人类就会认为战争、瘟疫等灾难将要到来，随着科学的不断发展和人们认知水平的提高，我们知道古人的这种想法是错误的。彗星也是宇宙中的小天体，它的特点是体积不固定，质量非常小。

彗星的组成部分包括彗头和彗尾。最初科学家认为彗头可分为彗核和彗发两部分。后来通过对彗星近距离的观测，发现彗头不仅有彗核和彗发，其实还有彗云，而彗云存在于彗星的外表面，它的主要成分是氢原子。

彗星的彗尾是在不断变化的，当彗星与太阳的距离逐渐靠近到一定程度时，彗星尾巴就出现了，随着距离的减小彗星尾巴会由小变大并变长。而当彗星与太阳的距离逐渐增大的时候，彗尾就会慢慢地变小，达到一定距离之后就会消失。彗星的大小又是怎样变化的呢？其实这也与距离有关。当彗星与太阳距离较远时，体积就会很小，而随着距离的靠近，彗发和彗尾会逐渐变大，体积就会变得很大。

12. 流星是什么

浩瀚的星空下，当成群的流星以璀璨的姿态划过天际，消失在天边时，我们不禁被这一奇景深深吸引。流星是恒星吗？流星到底是什么呢？它又是怎么样发光的呢？

流星是宇宙星球与星球之间的物质在运动时与大气摩擦，发生了燃烧所产生的光迹。流星体就是造成流星现象的"罪魁祸首"，而宇宙间的尘粒和固体块这些物质都属于流星体。流星现象产生的具体原因是怎样的呢？其实流星体最初是围绕太阳运动的，在靠近地球的时候，地球引力的作用会使得流星体被地球吸引，从而进入地球大气层，高速的运动使得它与大气摩擦燃烧产生光迹。因此流星和流星体是两种完全不同的概念，大家千万不能搞混！

每一次的流星雨看起来都璀璨耀眼而美丽，但其过程却并不简单。我们可以想象一下，宇宙空间中的一颗与地球距离很远的陨石掉落的尘埃中或许还会有相对比较大的石块，由于地球的磁场所产生的引力的吸引，从而进入地球大气层与大气摩擦，产生流星雨现象。这种现象就像是我们玩的丢沙包的游戏，当对某个人投掷过去时，最先接近人的是沙包上的灰尘，其次才是沙包本身。

例如我们看到的宝瓶座流星雨其实就与哈雷彗星有关，当哈雷彗星与地球距离很近时，就会撒落大量流星体粒子，这些粒子就会形成流星雨现象。

13. 流星与陨石有什么关系

流星是宇宙星球与星球之间的物质在运动时受到地球引力而被地球吸引，从而进入地球大气层，并与大气摩擦燃烧所产生的光迹。流星体是围绕太阳运动的物质，在靠近地球的过程中，地球引力使得流星体改变轨道进入地球大气层，从而产生摩擦发生燃烧。燃烧完全的流星体就形成了美丽的流星雨，若它在大气中未完全燃烧的话，就会落到地面，成为我们所说的"陨星"或者"陨石"，这就是我们常说的"天外来客"。流星雨的一般形式是许多流星从某一点向外辐射四散开来，而流星大都是由彗星尾迹产生的。

太阳系中的流星体在闯入地球大气层后，未完全燃烧就形成了陨石，而陨石是宇宙空间中的物质变化而来的，因此它的到来给我们传递了很多太阳系中的天体从古至今的演化信息。尽管我们并不欢迎宇宙空间物质与地球的碰撞，但陨石在某种程度上却是受人欢迎的。你知道每天会有多少流星体进入地球大气层吗？每天进入地球大气层的流星体的数量都约有数百亿，而质量也达到了数十吨。

按照主要化学成分这个标准去划分，陨石可以分为石陨石、铁陨石和石铁陨石三大类型，由于成分的不同，因此它们的半径和质量会有较大的区别。

假如宇宙空间中的小天体直径在 10 千米以上，那么当它撞击地球时造成的破坏就像带来恐龙灭绝的那样，人类的安全将受到极大的威胁。

14. 星云是云彩吗

夏日晴空，我们会看见形状像各种小动物那样的云朵，而且总会引起我们无尽的遐想。那么这些云彩是星空中的星云吗？星云是云彩吗？

星云和我们平时看到的在空中的一朵朵白云是完全不同的。其实，星云是一种天体，主要由气体和尘埃组成，它存在于太阳系以外、银河系以内的空间当中。因为它的外形跟云雾类似，所以就被形象地称为星云。大气层上的水滴或冰聚合在一起形成的才是云彩，而且云彩是地球上的水循环形成的。星云的明暗与形状其实是与星云的组成成分有关，由于气体和尘埃在不同星云中的含量不同，因此星云就有了明暗的变化，而且形状也各不相同。星云里的物质其实有着很小的密度，星云中有些地方都是真空的。然而星云的各个方向的长度可达到几十光年，因此星云的体积是十分巨大的，在质量上也会比太阳更重。

星云的分类有着不同的标准，按照明亮程度这个标准进行划分，星云就可以分为亮星云和暗星云。在形状上星云有弥漫星云、行星状星云等。弥漫星云像它的名称一样，是一个形状很不规则的天体。行星状星云就像一层一层的烟圈，而在它的中心往往有一颗很亮的恒星，其实这是恒星晚年演化形成的。星云和恒星有着一定的关系，星云在内部引力作用下可形成恒星，而恒星的气体又是星云的组成部分，因此星云和恒星在一定的条件下是可以互相转化的。

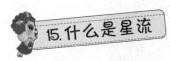

流星是天体与天体之间的物质与地球大气摩擦产生的光迹，然而流星反过来成为星流一词，那么它是星星的流动的意思吗？星流到底是什么呢？

其实星流并不是星星流动的情况，它是指由无数的恒星沿着一条长长的轨道围绕星系运动时呈现出锁链状的一种结构，它的形成与球状星团或者矮星系受到星系引力的巨大潮汐作用而发生的变形有关。星流是了解星系构建历史的依据，目前银河系中被发现的星流已有10多个，而且星流中恒星数量和星流的长度已经达到一个惊人的地步，往往数量可达上亿颗，长度也达到数百万光年。

当小星系与大型星系的距离达到一定的程度之后，就会受到引力潮汐作用，发生扭曲、瓦解等现象，最终形成一条细长而美丽的星流。银河系附近的小型星系正在变形，最终将被瓦解。而它们的恒星不会消失，反而会融入整个银河系中，并且它们与银河系的原住恒星没有太多的差别，也许千百年以后它们将很难区别。例如人马座矮星系在经历了几十亿年的垂死挣扎之后，现在已经走向瓦解并被银河系所吞噬。

星流还有另一个重要作用，就是为研究星系中的暗物质的分布情况提供了可循的有效途径。

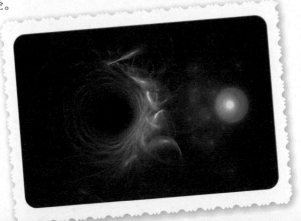

16.什么是星际物质、行星际物质

我们生活在银河系这个大家园中，除了地球外还有很多的天体。天体之间也存在着一定的联系，那么天体之间都有些什么联系呢?

恒星之间存在着大量星际气体、尘埃和各种各样的星际云，这些恒星之间的物质就是星际物质。在银河系当中，星际物质的总质量大约可以占到银河系总质量的 10％那么多，而且在不同区域中，星际物质密度也有着很大的区别。分布在星际间的尘埃有着特殊的作用，它们可以阻挡星光紫外线辐射，那样的话星际分子就不会分解，它们同时又可以作为一种催化剂，对于星际分子的形成起着一定的加速作用。而且星际尘埃能产生星际消光这样的现象，它们对星光有散射的作用，星光因此就会减弱。星际消光也与波长有关，当波长增长时，星际消光也会增长，而且星光的颜色会变红，这种现象也被称作星际红化。

行星际物质是存在于太阳系中的物质的统称，其中行星际的尘埃、宇宙射线和太阳风中的热等离子等都属于行星际物质的范围。行星际空间虽然看起来很空旷，漫无边际，但并不是真空的，一些稀薄的气体和非常少量的尘埃都极不规则地分布在这个空间当中。这些气体和尘埃主要来自太阳风，还有极少量的尘埃来自彗星、小行星、流星碎裂瓦解的物质。

17.什么是星系团、超星系团

地球是太阳系中很小的一部分，而太阳系又是庞大的银河系之中的一个成员，科学家研究发现，其实宇宙中的星系不是孤立的，并且星系之间都存在着一定的联系。那么星系之间有着怎样的联系呢？

星系团其实就是星系的集团，星系集团就是成百上千个星系相互之间通过一定联系而集聚在一起形成的，其中每一个星系均是星系集团的成员。星系团中的星系数量其实有着很大的差别，少的仅有数十个，而多的却有成百上千个，成员星系数量只有数十个的又被称为星系群。星系团可分为规则星系团和不规则星系团两大类，规则星系团是以有球对称外形的球状星系团为代表的，而不规则星系团则没有一定的形状，也没有固定结构。

星系集聚在一起构成了星系团，那么众多的星系团又能形成什么呢？其实星系团在一起构成了更高一级的天体系统，也被称作二级星系团，又称超星系团。在一个超星系团内通常只含有 2 ~ 3 个星系团，而拥有数十个星系团的超星系团是极少的。超星系团聚合在一起能否形成新的高级的天体系统，至今仍是个未解的谜团。

18.什么是星系际物质

存在于星系与星系之间的气体和尘埃就是星系际物质。星系际物质中的气体可能是以中性的气体为主，也有可能是以电离气体为主。星系际物质也和星际物质一样可以散射星光，使星光减弱，因此同样具有消光效应。星系际物质的存在位置是多变化的，聚集在互相靠近的星系之间的星系际物质，就像桥一样将它们联系在一起。存在于星系团内部的星系际物质在星系团内很渺小，成为星系团内的隐匿物质。而在星系团之间的气体和尘埃就形成了星系团际物质。科学家在探索过程中发现，在一些星系际物质密集的地方比较容易形成星系际暗云，而且多个可能是星系际暗云的区域已经被发现，目前正处于研究当中。

宇宙学和星系的演化与星系际物质的研究存在着密不可分的关系。在宇宙中，星系际物质在宇宙的总质量中占有一定的分量，而在星系演化中，一些星系通过抛出一些物质进入星系际空间，成为星系际物质中的一部分。而星系际物质在某些情况下可能被正常星系吸引，从而形成新的星系。

星际物质、行星际物质、星系际物质有着怎样的区别呢？其实它们主要的区别是它们所在的位置不同，星际物质如星际气体、尘埃存在于恒星与恒星之间，而行星际物质是填充在太阳系内的物质，因此正确区分这些物质也是很有必要的啊！

19.暗物质是什么物质

你听说过"暗物质"吗？暗物质就是黑暗中的物质吗？假如你有足够的好奇心的话，就跟我们一起来了解暗物质吧！

暗物质又叫作暗质，并不是指黑暗中的物质，而是指在电磁波的观测下我们无法进行研究，也就是说自身不发射电磁辐射也不与电磁力产生作用的物质。为了解释宇宙大爆之后星系以及星系团的成因，暗物质理论应运而生，科研工作者们已经发现宇宙中的暗物质大量地存在着，而且我们目前发现暗物质的唯一方法就是通过引力效应。人们将可能的暗物质从理论上分为三大类：冷暗物质、温暗物质、热暗物质。如果你要认为这个分类是依照粒子真实温度分的话，那就大错特错了！其实这是依照其运动的速率进行划分的。现代天文学研究发现，我们目前知道的部分，像重子、电子等大约仅占宇宙的 4%，而暗物质则占到了宇宙的 23% 左右，还有大约 73% 是一种导致宇宙加速膨胀的暗能量。

瑞士天文学家弗里兹·扎维奇是最早推断暗物质的存在并提出证据的科学家。

尽管科学家对暗物质进行了大量观测和研究，但对暗物质的组成成分仍然未能全面了解。暗物质存在的一个有力的证据来自螺旋星系，螺旋星系中的恒星和气体在高旋转的情况下足以脱离星系，但它们继续围绕中心在高速旋转。因此，在螺旋星系中必然存在某种目前我们无法看见的物质，在这种物质的吸引力下，旋转星系无法脱离自己的轨道。暗物质存在的另一个有力证据就是星系团，星系团中存在着个别星系的运动速度非常大，在没有引力的情况下，这些星系团就会飞离。通过计算可知，能够把星系聚集在一起所需的质量比所有星系的总质量都要大，因此，在星系团中除了我们所能观测到的星系以外，一定存在另外的一些物质，即暗物质。

外出旅行偶尔会碰到迷路的时候，那时我们迫切地想知道自己到底在哪里，进而确定自己的位置。对于地球来说，我们是渺小的，人类存在于地球的每个角落，我们可以知道自己的精确位置。但是在宇宙当中，地球是渺小的一员，而我们处在宇宙当中的什么位置呢？我们在哪里呢？

第二章

我们在哪里

20. 你了解地球的一些基本情况吗

地球是一颗美丽的星球，而且是我们人类的母亲，我们在地球的怀抱中幸福地生活着。可是你了解我们的母亲——地球吗？你知道地球是怎样的吗？

地球按照与太阳由近及远的距离是太阳系中的第三颗行星，它的形状是一个两极稍扁、赤道略鼓的椭球体。在地球周围有着一层厚厚的大气层，人类、动植物和微生物生活在陆地和海洋当中。到目前为止，地球是人类所知的宇宙中唯一存在生命的天体。

地球上生物的活动离不开大气、水和陆地，没有它们地球生命将无法存活。地球大气主要是由 78% 的氮气、21% 的氧气、少量二氧化碳和微量稀有气体组成的。而氧气是地球生物维持生命的必需品，二氧化碳是绿色植物光合作用的必备原料，同时也是地球上的温室气体的主要组成部分，近年来冰山融化、海平面上升均是由于二氧化碳的大量排放引起的。水是生命之源，人体中含量最多的就是水。地球的水资源圈由海洋、江河、湖泊、沼泽、冰川和地下水等组成，其中海洋水质量约为陆地水质量的 35 倍，而生命存活需要的是淡水，淡水资源又是有限的，因此保护水资源刻不容缓。地球大陆板块分为 6 个，分别是太平洋板块、亚欧板块、非洲板块、美洲板块、印度洋板块和南极洲板块。大陆板块并不是固定的，而是在不断地运动着的，而且板块运动常常会导致地震、火山爆发以及其他大的地质事件的发生。

21 地球从古至今有什么大的变化

地球是一个非常特殊的天体，这里不仅有我们人类，还有100多万种其他生命繁衍生息。地球从诞生到现在经历了无数年的历程，那么地球到底经历了哪些变化呢？

据科学考证，地球起源于原始太阳星云，已经是一个46亿岁的老寿星了。原始大气中的水蒸气形成了原始的海洋。约在30亿～40亿年前，出现了单细胞生物，这是地球上最古老、最原始的生命。约35亿年前地球上原核细胞生物开始出现在地球上，诸如支原体、蓝藻、细菌和螺旋体等，随着物种进化最终出现了真核细胞生物。

地球生命的发展经历了古生代、中生代和新生代3个时期，物种也发生了翻天覆地的变化。在古生代，植物界从早期的藻类进化到了裸子植物，而动物界从三叶虫逐渐进化到了两栖类和爬行类的时代。而且海洋的面积逐渐缩小，陆地面积不断增大。而中生代则是板块、气候、生物演化改变都相当大的时代，裸子植物空前繁盛，鸟类和哺乳类开始出现，但最有优势的还是爬行类，尤其是恐龙家族相当繁盛，因此中生代也被称为恐龙时代。中生代末期的时候发生了著名的生物灭绝事件，恐龙类灭绝，裸子植物的重要地位由被子植物取而代之。新生代时期，地球进入了冰川时期，地球面貌逐渐现代化，哺乳动物、鸟类、昆虫逐渐发展起来，原始人类和现代动物也出现了。冰川时代结束后，人类经过农业文明、工业文明的发展形成了现在这个社会。

22. 地球为什么看上去是蓝色的

1961 年4月12日，苏联航天员尤里·加加林成为第一个进入太空的地球人。他所搭乘的飞船将他送到了320千米高的轨道上，绕行地球一圈后返航。他对太空景观有着如下的描述："尽管天空非常暗，但地球是蓝色的，而且看起来十分的清澈。"而且根据宇宙飞船所拍摄的地球照片和宇航员在太空中亲眼所见的情景，地球的确是一个蓝色的星体。为什么在太空看地球会是蓝色的呢？

从地球上的海洋与陆地的面积大小的角度来看，地球表面积约为5.1亿平方千米，而海洋的面积就占到了地球总面积的71%，差不多是陆地面积的2.5倍。我们分析一下地球上的海洋面积和陆地面积之比来看看地球到底是怎样的。地球的北半球拥有着全球三分之二的陆地，但是你知道吗？尽管北半球陆地面积很大，但它只占北半球自身总面积的40%，而其余60%的地方都是海洋。在南半球、东半球和西半球上，海洋的面积也都比陆地面积要大。这些数据表明，在整个地球上，海洋都是主体，而且和陆地不同的是，海洋是一个连续的整体。地球上的各大洋之间互相联系，因此形成了一个统一的世界大洋，而陆地就像是漂浮在海洋上的船只一样。

因为海洋的广阔无边，再加上水色偏蓝，因而从太空中观察地球，它就变成了一个迷人的蓝色星球。

23.为什么我们能再地球上生存下来

从人类的出现到现在已经有了数百万年的历史了，在这漫漫历史长河中，每个人都经历了出生、成长和死亡这个历程。然而我们却忽略了一个问题，那就是为什么我们能在地球上生存下来？先让我们一起去探索我们人类本身吧！

人是哺乳动物，是自然界中的消费者。作为自然界的一员，我们也有着自己的作用。但是我们能够生存下来是离不开一些必需物质的，其中阳光、水、食物和氧气是我们人类的必需品。人想在地球上活下去，水和食物是必不可少的，水维持着人体的新陈代谢。人体中含量最多的物质就是水，我们体内的一切化学反应都必须在介质水中才得以进行。没有水的作用，我们所摄取的营养物质将不能被人体吸收，氧气也无法运送到人体所需部位，而且人体产生的废物也不能排出，新陈代谢将停止，人将面临死亡的危险。同时水还可以带走代谢产生的热量，维持体温恒定。食物为我们提供身体所需的各种营养物质和能量。

阳光是地球生命得以生存的保证，有了阳光，植物才能够净化空气，产生动物和人所需要的能量，没有阳光地球将成为一颗死星。对于人类而言，氧气使得人类能够呼吸，生命得以继续。而在这个星球上，太阳给予了我们阳光，地球丰富的淡水资源保持了我们每天的新陈代谢，而动物和植物则提供了我们每天必需的能量。

我们能够在地球上生存，这不是偶然，而是必然。但我们也应该保护地球环境，这样才能够与自然和谐相处，实现可持续发展。

24.地球是怎么样运动的

每个天体的运动都包括自转和公转，同样地球的运动也包括自转和公转，地球以太阳为中心在椭圆形轨道上公转，同时又绕地轴自转。由于不停地公转和自转，地球上才有了季节变化和昼夜交替。但是，是什么驱使地球这样永不停息地运动呢？地球运动的过去、现在、未来又是怎样的呢？

地球的公转是地球以太阳为中心的旋转，轨道就是公转的路线。太阳的位置在哪里呢？其实地球公转轨道是一个椭圆，而太阳就位于椭圆的两个焦点之一的位置上，因此地球在围绕太阳的公转的过程中，日地间的距离是在不断变化的。根据地球围绕太阳的运行周期，地球是以自西向东的方向绕着太阳进行公转。你知道什么时候地球和太阳距离最近吗？那就是每年的 1 月 3 日前后，地球运动到达近日点。而当每年的 7 月 4 日前后地球运动到远日点时，日地间的距离最大。而且地球所受引力的大小与日地间的距离有关，在近日点所受到的太阳引力最大，运动的线速度比较快；相反在远日点地球所受到的太阳引力最小，运动的线速度比较慢。

地球的自转指的是地球以地轴为轴心所进行的绕轴旋转运动，自转方向与公转方向一样，都是自西向东旋转的。地球在 23 小时 56 分内自转一周，接近我们所说的一天。因为赤道纬线圈最长，所以地球在赤道自转速度最快。

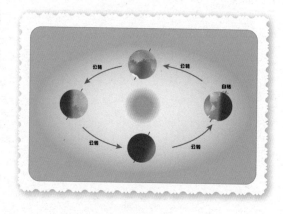

25.为什么地球没有土星那样的光环

探索宇宙总会有些惊人的发现，科学家通过观察探测器发过来的土星照片，发现土星的外围有层层光环环绕，仿佛色彩亮丽的环形跑道环绕着居于中心的土星一圈一圈延伸开来，那么地球为什么没有这样的光环呢?

像土星环这样的物质不仅仅是土星专有，在太阳系中天王星、木星和海王星也都有着类似于土星环那样的光环。土星、天王星的光环是怎样形成的呢? 行星的光环一般是由冷冻气体和尘埃构成的环状物，行星光环有着各自不同的颜色，其实它们的色彩主要是由构成光环的物质微粒所决定的。微粒大小不同，对太阳光的散射程度就有着一定的不同，微粒的体积越大，对太阳光的散射就越趋向于红色，而体积越小的微粒对太阳光的散射则越接近蓝色。土星光环是由无数形状、大小均不同的冰块组成的，冰块以非常高的速度运动，不同的冰块对太阳光的散射颜色不同，因此在太阳光的照耀下呈现出各种颜色。而地球只有月球一颗天然卫星，周围除了大气层外再无其他的物质，因此无法形成土星那样美丽的光环。

光环的存在使得土星成为太阳系中最美丽的一颗行星，在科学家的探索下终于揭开了土星环的真面目。土星环分为7层，离土星最近的是D环，亮度却是最暗的，其次是透明度最高的C环，接着是最亮的B环，最后是A环，A环之外还有E、F、G三个环，最外层是十分稀薄而宽广的E环。

26. 地球上的潮汐是怎样形成的

经常在海边玩的人会发现海水常出现规律性的涨落现象，海水会快速地上涨然后迅速下降，那么地球上的潮汐是怎样形成的呢？

潮汐只是海水才会出现的现象吗？答案当然是否定的，潮汐不仅仅是海水的运动，地球的岩石圈，水圈和大气圈受到日、月引潮力的作用，都会产生规律性的运动。潮汐可分为固体潮汐、海洋潮汐和大气潮汐，它们分别是固体，液体和气体在日、月引潮力作用下引起的固体变形、海水升降、涨落与进退等周期性变化。完整的潮汐科学，应将地潮、海潮和气潮作为一个统一的整体来进行研究，但由于海潮现象尤为突出和明显，而且与人们的生产生活、交通运输等的关系相当密切，因而人们习惯上将潮汐狭义地理解为海洋潮汐。

潮汐是沿海地区的一种常见的自然现象。在古代的时候，"潮"指的是白天的海水运动，"汐"指晚上的海水运动，两者合称为"潮汐"。潮汐的发生和太阳、月球都有关系，但潮汐的发生主要与月球对地球的引力有关，尽管太阳的引力也是影响潮汐的一个因素，但这个影响较小。因为地球位于月球的引力场中，所以它的各个部分所受到的月球引力的大小和方向都是不一样的，而正是地球各个部分的力的差异导致了潮汐力的出现。因为潮汐力对地球的力的作用，所以地球正面和背面都会被拉起，由此形成海水的周期性涨落。

27.什么是月球

每年中秋节我们总会看到天空中圆圆的月亮，而且很多人可能会想到"嫦娥奔月"的故事。但是月亮中真的有嫦娥吗？你是否真正地了解月亮呢？

月球的俗名叫作月亮，是地球唯一的一颗天然卫星，并且在太阳系的卫星大小中排第五位。月球的直径只有地球直径的四分之一，其质量也只有地球质量的八十一分之一，并且是太阳系内密度第二大的卫星，仅次于太阳系中密度最大的卫星埃欧（木卫一）。因为月球的自转与公转是同时的，因此月球总是同一面朝向着地球，我们也只能看到月球的一半。

月球拥有地壳、地函和核心。在核心的内部有着大量的固态铁，而核心的外部却是一个液态的流体外核，流体的主要成分是液态铁。核心周围是一个边界层，研究证明这个边界层是在 45 亿年前由月球岩浆海通过分离结晶的方式而形成的。

月球是地球的同步自转卫星，它自转的周期与绕地球的公转周期是相同的，因此在转动过程中它总是以同一面朝向地球。月球以前的运动速度是很快的，后来由于地球潮汐摩擦的影响，它的自转速度逐渐减慢，直到与地球同步运动。

用肉眼观察月球时，我们可以在月球表面上清楚地看见或明亮或黑暗的区域。黑暗的部分，我们称之为月海，明亮的那些部分则被称为月陆。古代的天文学家认为月海中流淌着水。现在，我们知道月球上这些黑暗的区域是火山爆发后岩浆所凝结成的玄武岩。

28.我们看到的月光是怎么样产生的

儿时的我们都听过"嫦娥奔月"的故事，那时总幻想着月宫里的嫦娥和玉兔，后来才发现那是假的。看到皎洁的月光铺满大地的时候，你可曾想过这样一个问题：月光是怎么样产生的呢？"天狗食月"又是怎样的一种现象呢？

实际上，宇宙中所有物体都在发光，只不过有些我们看不见，如红外线和紫外线。低温物体发射红外线，高温物体发射可见光和紫外线，但是红外线和紫外线都是我们用肉眼无法看见的，必须用专用的仪器才能看见。月亮本身不会发出可见光，它发出的是红外线。

既然月亮本身不会发光，但我们看见它是亮的，这是怎么回事呢？其实这是月亮反射太阳光的结果，月球表面是不光滑的，因此会对太阳光形成漫射，使得大量的光线可以进入地球的大气层，然后这些光线再进入我们的眼睛，就成了我们可以看到的皎洁美丽的月光了。如果月亮表面光滑如明镜的话，将无法对太阳光形成漫射，那么我们就看不到明亮的月亮了。

但是我们总会有看不见月亮的时候，这是为什么呢？我们能看见月亮是因为太阳、月球、地球不在一条直线上，地球不会阻碍太阳光照到月亮上，而看不到时是因为地球挡住了太阳光，月亮也就无法漫射太阳光让我们看到。当太阳、地球、月球恰好在同一条直线上，月球进入地球的阴影中时，月亮就完全看不见了，这就是我们所说的月食，也就是"天狗食月"现象。

29. 人类为什么只能看到月球的半面

在晴朗的夜晚，每当人们仰望夜空时，就可以一睹月球美丽的"芳容"，但是你知道吗？人们所能看到的月球一直只是月球朝向地球的这一面，可称为月球的正面。而月球的背面由于背离地球，一直保持着它神秘的一面，人们一直无缘目睹它的真实风采。一直以来人类对月球背面保持着高度的好奇心，充满了各种各样的疑问。那么为什么我们只能看到月球的半面呢？月球的背面又是怎样的情形呢？

作为地球唯一的天然卫星，月球环绕着地球不停地在公转着，它的公转速度是3683千米/小时，它绕着地球公转一周的周期是27.3个地球日，也就是一个恒星月的时间。月球在绕地进行公转的同时，也在自转着，它的自转周期同样是27.3个地球日。月球的这种自转与公转周期完全相同的现象就是我们常说的"同步运动"。由于月球绕地公转一周的同时也自转了一周，所以我们在地球上只能看见月球朝向地球的这一面，却总是无法看见月球背对着地球的另一面。

直到1959年，苏联的"月球3号"太空船才第一次拍摄到了月球背面的最早影像。到了1968年，当"阿波罗8号"绕月飞行的时候，人类才第一次直接用肉眼看到了月球背面的景象。原来月球背面，主要是一片片高低不平的撞击坑和相对比较少的月海。

30. 月球为什么离我们越来越远

月球的俗名叫作月亮，它一边自传一边环绕地球运行，是地球唯一的一颗天然的固态卫星，同时也是距离地球最近的天体。自从美国宇航员尼尔·阿姆斯特朗成为登月第一人后，人类才对月球有了一定程度上的新认识。然而近来的研究发现，月球正在逐渐远离地球，这是为什么呢？

月亮绕地球做周期性的公转运动是因为地球对于月球的引力作用，使得月球因受到地球的吸引力而不能离开地球。但是，由于月球围绕地球运动的同时，也会短时间内与太阳相遇，特别是在阴历每个月的前几天，月球会处在地球与太阳之间近半个月的时间，而在这个过程当中，月球距离太阳更近一些。这时，月亮不仅受到地球的引力，还会受到太阳引力的影响。而且太阳的引力作用在这段时间内将起到主要的影响，太阳对月球的引力使月球离开地球而逐渐向太阳靠近。由于太阳引力的作用大于地球引力的作用，就会使月球每个月都会有一段时间远离地球。因此在太阳引力的作用下，月球就会逐渐远离地球，当地球的引力对月亮的作用小于太阳的引力对月球的作用时，月亮将向太阳飘去，可能永远也无法回到地球的怀抱当中。

月球现在每年远离地球的速度还很小，但是当月球离太阳越来越近时，月球的速度将越来越大。从理论上讲，月亮远离地球是一个百亿年的过程，因此，我们现在还是会看见月光的！

31. 月亮为什么会有圆缺变化

人有悲欢离合，月有阴晴圆缺。在中国古诗词中，人们常用"婵娟""玉盘""银盘"来形容月亮，且常用"月圆""月缺"来形容"悲欢离合"，尤其是中秋节，作客他乡的游子更是将对家乡和亲人的思念之情寄托在月亮之上。那么，月亮为何会有圆缺变化呢？

月亮是围绕地球进行公转运动的一颗卫星，它既不发热，也不发可见光。在宇宙空间当中，月亮反射的太阳光使得我们能看到它。在绕着地球运动的过程中，月亮和太阳、地球的相对位置也在不断地变化着。因而我们看到月亮的主要变化过程是：新月—上弦月—望月—下弦月—残月—新月。

当月亮在地球和太阳中间且三者在同一直线上时，月球的正面没有太阳光的照射，我们无法看见它，此时的月亮就是新月。之后太阳光逐渐照亮月球正面的边缘，天空中就会出现弯弯的月牙，当月亮正面照到更多的太阳光时，月牙就会逐渐变"胖"。当天空中的月亮有半个烧饼的大小时，此刻月亮正面有一半照到了阳光，这就是上弦月。月球正面逐渐接收到更多的太阳光，而天空中的月亮也越来越圆。等到月亮完全和太阳相对时，一个圆圆的月亮就出现了，这就是望月。月亮、地球、太阳三者的相对位置发生了变化，月球正面接受的太阳光逐渐减少，月亮就会逐渐"瘦"下来。望月后大约七八天，在天空中又只能看到半个月亮了，这时的月亮就是下弦月。当月亮呈现弯弯的镰刀状时，就是残月了，然后又一轮循环就开始了。

远古时代，人类认为地球就是整个宇宙，随着科学技术的进步，我们对地球以外的世界有了更深一步的探索。我们认识到的地球仅仅是太阳系的一颗行星，而在地球之外有着更加广袤的星空。地球在以太阳为中心的太阳系中运动，而太阳系又是银河系的一部分，那么我们所在的太阳系到底在宇宙哪里呢？

第三章

太阳系在哪里

32.太阳系在哪里

我们生活的地球是太阳系的一部分，而太阳是太阳系中最主要的部分，地球与太阳存在着密不可分的联系，因为人类的生存离不开太阳。那么我们依靠的太阳系究竟是怎样的？它在哪里呢？

太阳系的中心是太阳，而太阳系就是所有受到太阳引力的天体集合在一起形成的天体系统，这个天体系统既包括太阳、行星及其卫星、小行星、行星际物质等，同时也是我们所在的恒星系统。太阳系如今已经发现了8颗大行星，根据它们与太阳的距离的远近，按照由近及远的顺序依次是水星、金星、地球、火星、木星、土星、天王星和海王星。同时太阳系还拥有5颗矮行星，它们分别是冥王星、谷神星、阋神星、妊神星和鸟神星。

宇宙中行星的运动都遵守开普勒行星运动定律，同样环绕着太阳运动的天体也一样，它们都是以太阳为焦点的一个椭圆作为运动轨道，并且在接近太阳时由于受到引力的因素，速度将越来越快。但是太阳系中的行星轨道大部分接近圆形，而许多彗星、小行星等天体则是在高度椭圆的轨道上运动。太阳系中的八大行星都差不多在同一平面的近圆轨道上运行，而且它们绕太阳公转的方向也是一致的。在太阳系八大行星中除金星外其余行星的自转方向和公转方向都是相同的。

33. 太阳系是怎么形成的

地球生命的存在离不开太阳光，而以太阳为中心，受到太阳引力的集合体的太阳系的形成却仍然是个值得探索的问题。太阳系到底是怎样形成的呢？

对于太阳系的形成，科学家们提出了多种猜想和假说，主要观点有两个。现在学界普遍认同的太阳系形成的标准理论是星云假说。星云假说最早是由18世纪的康德和拉普拉斯提出的，他们认为太阳系的形成开始于46亿年前，一片巨大的分子云发生引力坍缩，而坍缩时分子云大部分的质量集中在中心，这些物质的大部分进而形成了太阳。剩余的一些部分就形成了行星、卫星、彗星等其他天体。而另一个观点则认为太阳是在相对独立的环境中形成的。当时的宇宙发生了多次的超新星爆发，然而其中某一颗超新星爆发产生的冲击波对分子云产生影响，导致分子云中出现了超密度区域，后来该区域坍塌形成了太阳系。

从太阳系的形成到现在，太阳系发生了翻天覆地的变化。太阳系中卫星的形成有许多方式，有的卫星是由气体与尘埃组成，有的则是被附近的行星俘获而来，有的来自天体间的碰撞。根据科学家预测，太阳和行星在历史的长河中最终将走向灭亡。大约50亿年之后，太阳将会冷却并且不断向外膨胀成为一个红巨星，最终成为行星状星云。而环绕太阳的行星有的会被恒星吸引而离开，有的则会自然灭亡，最终太阳就会变成孤零零的一个天体了。

34. 太阳系到底有几大行星

太阳系是太阳、行星及其卫星等众多天体所在的天体系统。太阳系有八颗大行星，距太阳的距离由近及远依次是水星、金星、地球、火星、木星、土星、天王星和海王星。

水星距离太阳最近，体积也是最小的，没有天然卫星。水星外表呈黄棕色，只有少量大气。从地球上看，太阳系中除太阳和月亮外，金星就是最亮的星星了。金星的体积、质量、密度与地球十分相似，但没有天然卫星。金星是一颗炙热的行星，可能是大量的温室气体所造成的。

地球是内行星（绕日轨道在地球轨道内的行星）中体积最大且密度最高的行星，有一颗天然卫星月球。地球是目前已知的唯一拥有生命的行星，其大气成分与其他的行星完全不同。

火星是一颗亮星，只有稀薄大气且以二氧化碳为主。火星拥有两颗天然的小卫星，分别是戴摩斯和福伯斯，可能都是被俘获的小行星。木星是一颗主要由液态氢所组成的液态星球，木星丰沛的内热给木星带来了一些永久性的特征，诸如云带和大红斑等。土星因为有明显的环系统而著名，有超过 60 颗已知的卫星，例如拥有巨大冰火山的恩塞拉和泰坦都比较有名。

天王星是最轻的外行星（绕日轨道在地球轨道外的行星），它横躺着绕日公转，显得非常独特。它的核心温度也是已知的气体巨星中最低的，仅辐射少量的热进入太空中。海王星比天王星的体积要小，虽然辐射出的热量较多，但还远远比不上木星和土星所辐射出的热量。它是太阳系中唯一一颗逆行的大行星。

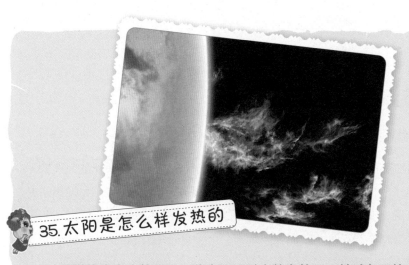

35. 太阳是怎么样发热的

蜡烛燃烧会产生热量，一些电器通过电能发热，而地球每天接受太阳传递的热量，来供给万物的生命所需。那么地球热量之源——太阳又是怎么样发热的呢？

太阳系的中心天体就是太阳，太阳是一颗主序星。但是在宇宙中，太阳只是一颗很普通的恒星，因为在恒星当中，它距离地球最近，所以从地球上看它是最大最亮的一个天体。其他恒星因为离我们太远的缘故，因此看上去只是一个个的光点。

太阳内部的能量来自由氢聚变成氦的核聚变反应。太阳主要是由氢组成的，氢含量占到太阳总质量的71%。太阳的体积很大，而在其内部中心位置所承受的压力也非常大，因此温度非常高。氢原子核在这样高的温度下以相当高的速度进行着剧烈的热运动，所以有大量氢原子核克服了库仑力，从而结合成为一个氦核。这个过程中，氦核比聚变前的两个氢核的质量减小了，而损失的这部分质量就转化成能量，这种能量转化的形式产生大量的热。这些热以辐射和对流的形式传递到太阳表面，因此太阳就变成了一个大火球。

地球上的生命离不开太阳，太阳每时每刻都在向地球传送着光和热，地球上的生命才得以生长发育，繁衍生息。

36.太阳黑子会引起地球怎样的变化

你知道什么是太阳黑子吗？太阳黑子是黑色的吗？

太阳黑子是在太阳表面上的一些旋涡状气流，这些旋涡状的气流像一个个的盘子一样，中间是凹的，看起来好像是黑色的。其实，太阳黑子并不是黑色的，在我们眼中呈现黑色是因为它的温度比起光球要低上一二千度。通过与光球的对比，它们就像是一个个没有光亮的黑色的盘子一样。

其实太阳黑子是太阳活动的一种，而且是太阳活动中最基本、最明显的一种，这种现象一般发生在太阳的光球层上。通过研究发现，太阳黑子出现时常常是大量的，很少会单独出现。天文学家从 1755 年开始研究记录黑子的活动，他们发现太阳黑子的平均活动周期为 11.2 年。后来规定将黑子活动最少的年份作为一个周期的开始，这一年被称作"太阳活动宁静年"，而"太阳活动峰年"就是黑子最多的年份。

当成群的黑子出现在太阳上的时候，就会出现磁暴现象，这时候指南针就不能正确地指示方向了，对方向很敏感的信鸽也会迷路。而且我们的日常生活也会受到影响，像我们日常的无线电通话就会受到影响。飞机的飞行，轮船的航行，人造卫星的正常运行都会不同程度地受到影响，电视和传真信号也会受到干扰。黑子还会引起地球上气候的异常变化，一位天文学家曾经就发现，黑子偏多的年份地球上气候比较干燥，农业的收成较好；反之，黑子偏少的年份地球上气候比较湿润，暴雨成灾。研究地震的科学工作者还发现，当太阳黑子数量增加的时候，地球上的地震也会随之增多。

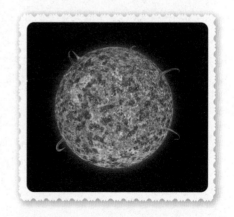

37.太阳系中的行星为什么绕着太阳运动

在研究天体运动的多年探索中，科学家发现了天体运动的规律，开普勒定律就是德国天文学家开普勒所发现的关于行星运动的定律。开普勒第一定律指出所有行星分别在大小不同的椭圆形轨道上围绕着太阳运动，而太阳就在这些椭圆的焦点上。那么太阳系中的行星为什么绕着太阳做椭圆轨道运动呢？

行星绕太阳公转时，会受到来自太阳的两种力的作用。一种是万有引力，行星的圆周运动所需要的向心力就是万有引力提供的。另一种是太阳旋转质量场产生的作用力，这种力的方向与行星的运动方向是相同的，因此在这种力的作用下，行星圆周运动的线速度将不断增大。根据经典力学的理论，在向心力不变的情况下，做圆周运动的物体轨道半径与其线速度成正比关系，所以当行星运动的线速度增大时，其轨道半径将随之同时增大。因此，在太阳的两种力的作用下，行星进行的是非匀速圆周运动，其运行轨道从初始的圆形轨道到最终进入了椭圆形运动轨道。

开普勒第一定律规定一个行星围绕着它的恒星转动，其转动轨道半短轴的立方与半长轴的平方的比值是一定的，而且这个值在任何情况下都不会改变。因此在有了长轴与短轴的情况下，自然就有了行星运行的椭圆轨道了。

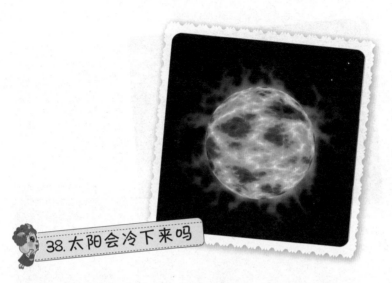

38. 太阳会冷下来吗

太阳是一颗"氢"球，氢含量占到了太阳总质量的71%，在太阳的内部每时每刻都在进行着激烈的核聚变反应。有些氢可以经过核聚变的过程稳定地转换成氦，发生热核反应。反应过程中太阳损失一部分质量，同时损失的这部分质量转化为巨大的能量释放出来。

太阳目前正处在主序星阶段。通过对恒星演化的模拟，科学家们推测，大约45.7亿年前，一团氢分子云迅速坍缩形成了太阳，在近似圆形的轨道上运行。现在的太阳已经到了中年阶段，在它核心内部发生的恒星核反应将氢聚变为氦，在这个过程中每秒会有超过400万吨的物质转化为能量，形成中微子和太阳辐射。据计算，太阳至今已经消耗了100个地球质量的物质，并且将它们转化成了能量，而且太阳在主序星阶段大约还将持续100亿年左右。

50亿~60亿年之后，太阳内的氢可能会被消耗尽，其核心将主要由氦原子构成，那时的太阳也将转变成红巨星。当其核心不断收缩，温度不断升高时，太阳的外层将会不断膨胀。当核心温度持续升高到一定程度，将发生氦的聚变从而产生碳，此时的太阳开始步入渐近巨星分支阶段（恒星演化末期的一个阶段）。当太阳内的氦元素全部转化成碳后，太阳将进入黑矮星阶段，成为一颗死星。

39.为什么会出现日食现象

　　每过一段相当长的时间，太阳都会消失在一片黑暗之中，然而消失的地方会形成一个黑色圆轮物，圆轮周围环绕着昏暗的光环，地面也逐渐变得昏暗。冷风袭人，鸟兽们纷纷归巢，这到底发生了什么事情呢？

　　其实这就是日食现象，日食是一种比较普通的天文现象，这种现象只有当月球在太阳与地球中间时才会发生。日食主要包括日全食、日环食、日偏食及全环食，全环食是其中最罕见的一种现象。那么日食是怎么产生的呢？

　　其实太阳和月亮在天空中的运行路径是不相同的，它们各自所在的轨道之间呈现一定的角度。一般月亮是从太阳上方或下方通过。当月亮处在它与地球绕太阳运行的路径的交点时，此刻月球位于太阳前方。而当月球运行到太阳和地球中间，三者处在同一条直线上时，太阳照射到地球上的部分或全部光线就会被月球遮挡住，月球身后的黑影正好落到地球上，看起来好像是太阳的一部分或整个太阳全部不见了，日食现象就这样发生了。

　　观测日食也需要正确的方法，千万不要用肉眼直接去观察，否则眼睛会受到伤害。我们不能直接佩戴太阳眼镜观测日全食，否则阳光通过镜片的聚焦作用，会灼伤眼球，更有甚者会导致失明。正确的做法应该是摘下太阳镜，放在离眼睛一臂距离的地方，从侧面观测镜片中成的像。另外利用小孔成像法观测也是一个不错的方法，水盆倒影法观测日食也方便可行。

近年来，科学家一直在研究人类移居其他星球的问题，但是科学家真能找到这样的星球吗？水星是否是一个适合人类居住的星球呢？而人类又能否移居水星呢？

水星的外貌与月球很相似。像月球一样，水星表面有许多大大小小的环形山，同样也有平原、盆地等地形。历史上水星受到多次的陨石撞击。受到撞击后的水星就会有盆地形成，而盆地的周围则有山脉围绕。此外水星在数十亿年的演变过程中，表面还形成了许许多多的褶皱、山脊和裂缝。

在太阳系的八大行星中，火星、水星、地球、木星和土星都存在着磁场，但是除了地球之外，水星是太阳系中唯一一颗磁场显著的行星。而且对于行星来说，磁场的有无绝对是件大事，比如地球磁场像保护伞一样，帮助地球上的生命抵御有害的太阳射线和其他宇宙射线。

尽管水星是太阳系八大行星中体积最小的一颗，然而水星却拥有一个与地球大气层相比无比稀薄的大气层。在太阳的强辐射下，水星大气不断向后压缩，在背阳面形成一个"尾巴"，而且水星大气气体成分还在不断地损失着。

水星是太阳系中昼夜温差最大的行星，白天太阳光直射处最高温度可达427℃，夜晚则降到 –173℃。因为它的温差特别大，因此绝不可能有生命存在。和地球上的环境相比，水星并不是一个适宜人类居住的地方。

水 星

41 水星表面是怎样的

水星在中国被称为辰星，出现在凌晨称为晨星，或是作为昏星出现在黄昏。它是太阳系八大行星最内侧、最小的一颗行星，但在太阳系八大行星中，它的离心率却是最大的。近年来，科学家对水星已经有了很多的探索，那么水星的表面是怎样的呢？

美国发射的"水手10号"探测器分别在1974年和1975年探测了水星，并向地面上发回了5000多张照片，为人类进一步了解水星提供了许多珍贵的信息。水星的外貌与月球很相似，像月球一样，水星表面既分布着许多大小不一的环形山，还有平原、裂谷、盆地等地形。已知的水星上最大的地貌特征之一就是卡路里盆地，水星上温度最高的地区就是卡路里盆地，它与月球上最大的盆地Maria十分相似。科学家们推测，它是在太阳系早期的大碰撞中形成的。

历史上水星表面受到多次的陨石撞击，剧烈的撞击使得水星表面形成了盆地。而撞击时喷出的物质就形成了平原。科学家们通过雷达对水星北极区观测，发现在一些阴影处有冰存在的证据。

水星地形是多起伏的，这种地形的形成，是几十亿年前水星的核心在冷却的过程中，发生了收缩，引起了水星的外壳起皱所造成的。水星表面的环形山非常奇特，而且那里不仅有高山平原，还有令人胆战心惊的悬崖峭壁。

42.水星的昼夜温差有多大

人类的生存与周围的环境有着密切联系，而影响人类生存的主要因素是温度，外界的温度变化对人的影响特别大。地球上最热的地方位于非洲，被称为"热极"的埃塞俄比亚的达洛尔，年平均气温高达34℃。而地球上最冷的地方是南极洲，年平均气温只有-25℃。假如有一天人类移居水星，那么水星的温度适合人类生存吗？

水星是太阳系中昼夜温差最大的行星，它的表面平均温度大约是179℃，变化范围相当大。白天时阳光直射处的最高温度可达427℃，而夜晚时的最低温度能降到-173℃。昼夜温差如此之大，有生物存在的可能性几乎是零。那么水星的昼夜温差为什么会如此之大呢？

水星上的大气极其稀薄，大气压非常小，所以大气的反射、保温等作用几乎不存在。水星距离太阳最近，又导致热辐射几乎没有什么损耗就全部作用于地表，而没有日照的地方，热量则快速地散失，这样温差自然会非常大。此外，水星上没有水和植物等储热的物体，白天受太阳照射时气温会很高，而夜晚气温又会急剧降低。这些都是导致水星昼夜温差异常大的因素。

水星上的昼夜温差将近600℃，它是太阳系各大行星中当之无愧的昼夜温差最大的冠军，这里简直就是一个冰与火极致交替的世界。

43.金星为什么如此明亮呢

天空中，我们肉眼所能看见的最亮天体除太阳和月亮外就是金星了。有人说金星可能是夜空中最明亮的一颗行星，但一直困扰着人们的一个问题是，到底是什么令它如此明亮呢？

天文学上星体的亮度用星等来表示，一般情况下，我们所说的星等指的是目视星等。星体的亮度与星等的数值是相反的关系，星等的数值越小，星体的亮度就越强。对于人来说，我们在黑暗之中能看见的最暗的星体在 6 星等左右，而 1 等星的亮度是 6 等星的 100 倍，1 等星并不是最亮的，比 1 等星还亮的是 0 等星，更加亮的星星就只能用负数星等表示了。金星为什么如此明亮呢？这是因为它离太阳很近，接收到的阳光比地球多 1 倍。

天文学家通常用"星体反照率"来形容一颗行星的明亮程度，照射在天体表面的光线与反射的光线的比值就是星体反照率。当光照射在行星上时，光线会被行星表面和大气层吸收，或者被反射。在太阳系的所有行星中金星是星体反照率最高的行星。金星有着一层厚厚的浅色云层，反射阳光的能力非常强，反射率高达 76%。

通过比较，地球和月球的反射率分别为 39% 和 7%。但是从地球上看，月球亮度为什么超过金星了呢？这是因为月球距离地球很近。金星对阳光如此高的反射率主要是因为金星被云层遮住了，而云层反射的太阳光使得金星看起来异常明亮。

44. 金星是怎么运动的

金星是一颗与地球很相似的行星，在太阳系中唯一一颗几乎没有磁场的行星就是金星。因为金星质量与地球类似的缘故，人们形象地将其称作地球的"姐妹星"。在八大行星的运行轨道中，金星的轨道偏心率最小，只有0.7%，也就是说金星的轨道最接近圆形。那么金星是怎么样运动的呢？

金星绕太阳公转的周期是224.65天，我们知道行星的公转轨道几乎都是椭圆的，但金星轨道却近似于圆形。当金星运动到地球和太阳中间时，它离地球的距离将比任何一个行星都要近。研究发现地球和金星轨道的离心率一直在减小，因此这两颗行星之间的距离也会一直减小。

假如在太阳的北极上空俯瞰整个太阳系的话，就会发现除金星外所有行星的自转方向都是逆时针方向，金星的自转方向是呈顺时针的。在主要行星的自转周期中，金星的自转是最慢的，自转周期是243天。你知道吗？金星的一年时间要比金星的恒星日时间短，而金星的恒星日又比太阳日要长，因此假如有人能站在金星表面观测太阳时，看见太阳的周期会是116.75天，而且会发现太阳升起的地方是西边，落下的地方是在东面，这种现象正好与地球相反。

45. 火星上有生命存在吗

18~19世纪时，科学技术不够发达，人们仅仅通过肉眼或简陋的仪器对火星进行观测，得出火星上可能存在海洋、陆地、运河甚至火星人的结论。几个世纪以来，人类一直在火星的表面寻找奇特生命可能存在的迹象，从18世纪到现在，一些人声称发现"微不足道"的火星生命存在的证据，甚至一些人还声称发现了火星生命。然而，火星上真的有生命吗？

其实现代天文学家一直在寻找的火星生命都是像病毒和细菌等的低等生命形式，而不是像地球人这样的高等生命，甚至科学家只是希望能找到有生命活动所参与形成的化学物质。1975年，美国发射了"海盗号"着陆器。2003年发射了"勇气号"和"机遇号"火星车。2007年发射了"凤凰"着陆器。2011年发射了"好奇号"核动力火星车等来探索火星。发射这些先进探测器的目的之一就是通过探测火星的土壤的成分，进而在火星上搜寻生命或生命存在过的痕迹。

在地球上大部分甲烷的来源都是甲烷菌，同时，科学家在地壳中找到了一些原始甲烷，原始的甲烷是地球在形成碳水化合物过程中的残留物，后来因为火山爆发等地质运动的原因，原始甲烷进入大气中。有的科学家认为，火星表面的甲烷不可能存在，但是目前观测到火星上仍然存在着甲烷，因此我们可以断定火星上肯定存在甲烷源，而它们可能就是制造甲烷气体的甲烷菌，也就是原始的火星生命。但是火星上是否真的有生命存在，仍待后人考证。

46.你了解木星吗

太阳系当中有八大行星，对于这八大行星，你了解多少呢？你了解木星吗？

按照与太阳的距离由近及远算的话，木星在八大行星中排第五。而且木星在太阳系的八大行星中体积和质量均为最大，它的质量是其他七大行星质量总和的 2.5 倍多。同时，木星还是太阳系众行星中自转最快的行星，自转一周仅需要 9 小时 50 分 30 秒。木星的形状并不是正球形的，而是一个椭球体。在我们日常肉眼所见的星星当中，它的亮度仅次于太阳、月球和金星，这是因为木星体积很大，对太阳光的反射能力也很强。

木星表面有红、褐、白等引人称赞的横向条纹，因此可以推测木星大气中的风向是与赤道方向平行的。木星大气的一个明显的特征是在不同区域当中交替吹着西风和东风。而木星表面最大的特征就是南半球的大红斑。木星的表面由液态氢和氦所组成，核心则是液态的金属氢，中心温度特别高，其核心是一个岩质的核。木星离太阳比较远，因此表面温度很低，而木星内部散发出来的热，反而要比太阳传递的热量要多，所以如果木星只有太阳传递的热量的话，表面温度将继续下降。

木星拥有非常大的磁场，而且木星的磁气圈是太阳系中最大的磁气圈。太阳风和磁气圈的存在使得木星也和地球一样有极光产生。

47.木星有卫星吗

我们知道，地球只有一颗天然卫星，那就是月球。那么木星有卫星吗？如果有的话，它有多少颗卫星呢？

木星卫星的发现依赖于望远镜的发明，意大利著名天文学家伽利略在 1609 年制造出了一台 40 倍的双透镜望远镜，这是世界上第一台用于天文观测的望远镜。伽利略首先观察了月球，之后观察木星时发现，有 4 颗卫星围绕着木星转动，而这 4 颗卫星是地球的卫星之外首次发现的卫星。因为它们是伽利略发现的，因此被命名为伽利略卫星，而它们分别是木卫一、木卫二、木卫三和木卫四，其中木卫三是太阳系中除了太阳和八大行星以外已知的最大的天体。而且木星的其他卫星与伽利略卫星相比，明显要暗得多，我们必须要借助较大的望远镜才能观测到。

伽利略卫星的密度与卫星到木星间的距离有着极大的联系，当卫星与木星的距离增大时，4 颗伽利略卫星的密度将会减小，而且太阳系中各行星密度的规律与伽利略卫星很相似，当与太阳距离变大时，各行星的密度也会相应地减小。另外在木卫一的表面覆盖着温度很低就会蒸发的钠盐，在阳光的照射下，钠盐就会弥漫在轨道上形成了一个环状云。而其他伽利略卫星表面除覆盖着土壤和冰霜外，也有着不同的盐。

48.土星是土组成的吗

看到土星这个名字，你会想到什么？也许有人想知道土星到底是怎样的一个星球，可是很多人会问，土星是土组成的吗？

根据到太阳的距离由近及远的话，土星是太阳系的第六颗行星，而且土星在八大行星中的体积仅次于木星。其实土星并不是由土组成的，相反土星是一颗气体星球，当然太阳系行星内不止它一个是气体星球，木星、天王星和海王星都是气体星球。现阶段人们无法直接探测土星内部结构，但科学家认为土星内部结构与木星很相似。土星形成时，首先是土和冰物质聚集形成一个岩石核心，外围则是气体紧紧包裹着。土星的大气主要以氢和氦为主，并含有甲烷和其他气体。

土星和其他行星一样也围绕太阳在固定轨道上运转，而且土星的公转使得土星也像地球一样拥有四季的变换，但是土星四季的时间并不像地球这样短，它的每一季的时间长达7年多。由于土星距离太阳很远导致土星的夏季也是十分寒冷的。土星的自转速度在八大行星中仅次于木星，由于高速度的自转使得它是太阳系行星中形状最扁的一个。

到目前为止，我们已知的太阳系中拥有卫星数目最多的行星就是土星，而且土星卫星已经超过了60个，根据探测发现，土卫六上有大气的存在，而且它是太阳系中唯一有大气的卫星。土卫六是土星系统中最大的卫星，而在太阳系中，木卫三是最大的卫星，土卫六排在第二位。

土星

49.什么是土星环

2007 年，美国"卡西尼"号土星探测器进行土星观测时，在可以俯视整个土星环的轨道平面上进行了拍摄，根据它发回的照片发现了土星外围有一圈圈无比美丽的环，那么这些环到底是什么呢？

其实很早以前伽利略第一个发现了土星外围的这些环，后来科学家把土星外围的环称为土星环，我们看到土星环不仅颜色非常明亮而且很薄。土星环的主要组成物质是尘埃颗粒、岩石和冰，由这些物质组成的美丽的土星环状物将土星环绕起来。土星环从内向外依次可以分为 D、C、B、A、F、G 和 E 7 个同心圆环，而在光环与光环之间有着非常明显的裂缝，其中最大的裂缝位于 A 环和 B 环之间。在这些环中，A 环和 B 环是最明亮最宽阔的两个环。B 环是所有环中最大、最亮，也是质量最大的一个环，当太阳光通过 B 环时，其中 99% 的光线将会被阻拦。A 环是外层最大、最亮的环，C 环在 B 环内侧，是一个很宽阔但比较暗淡的环，它的光深度很小，当有光线垂直通过环时，只有很小的一部分会被圆环阻拦，因此从上面或下面看环时，它看起来几乎是透明的，因为大部分的光线都通过了。

美丽的土星光环与土星的赤道在一个平面内，像地球公转一样，土星赤道面与它的公转轨道平面之间有个夹角，正是因为这个夹角，所以土星环在我们的眼中会时而在上，时而在下，而当我们平视它的时候，就会发现它不见了，这种时候即使是借助最先进的望远镜也难觅其踪影。

50.天王星是冷行星吗

天王星是太阳系内距离太阳由近及远排列的第七颗行星，同海王星相比，它的体积要比海王星大，而质量却要小于海王星。它的名字来自古希腊神话中的天空之神优拉纳斯。天王星的名称是太阳系大行星中唯一源自希腊神话而非罗马神话的行星。

在八大行星中，如果我们把木星称为"热行星"的话，那么天王星就是当之无愧的"冷行星"了。各大行星与太阳的距离是不同的，而距离的远近对行星的温度影响很大。尽管天王星与海王星相比，到太阳的距离要近一半，但是天王星的表面温度却与海王星是一样的。通过对天王星表面辐射能力的测定得知，天王星向外辐射的能量只有很少的一部分来自星体内部，而木星、土星、海王星却有近半的能量来自自身内部。由此可见，在太阳系的各大行星中，天王星是唯一缺乏内部热能的行星。通过对天王星结构模型的计算，科学家发现它的中心温度远远低于其他行星。另外，在天王星核外有一层由水冰、氨冰和甲烷冰组成的物质，正是这些物质影响了天王星的温度。

但是若要真正解释天王星的"冷"，我们必须追溯到它的起源与演化历程。由于天王星成分中的冰含量占总质量的一半，因此许多科学家认为它是由无数彗星聚集在一起形成的，而彗星正是一颗颗寒冷的冰球，因此形成了天王星这样的冷行星。已知的在天王星记录到的最低温度是 −224℃，比海王星还要冷，因此天王星当仁不让地成为太阳系内温度最低的行星。

51 天王星为什么会有怪异的天气

1986 年，美国"旅行者2号"探测器拍摄到了天王星的早期面貌，通过照片发现天王星外表面看起来很平常，并没有大红斑那样的极端气候。但在最新的观测中，科学家通过使用夏威夷的凯克望远镜详细探测了这颗行星上难以置信的怪异天气，揭示了天王星的真实面目。他们发现，天王星中的深蓝色大气主要由氢气、氦气以及甲烷所构成，大气中的风向是由东向西，速度达到900千米/小时，但是并未发现驱动怪异风运动的能量。

看似很平静的天王星存在极为活跃的大气模式，天王星拥有太阳系的行星中几乎最冷的大气层，其有记录的最低温度达到 -224℃，如此低的温度足以冻结大气中的甲烷。但是天王星赤道附近的扇形云带揭示了它的大气模式是非常不稳定的，在某些区域当中也存在较为活跃的大气活动。这是一种新发现的行星天气现象，但是我们并不能完全透彻地明白它所蕴藏的复杂的动力学机制。在其他行星大气中，没有这样的现象。

有的科学家认为研究这种怪异大气现象最主要的是研究其动力来源，而且某些科学家认为天王星这种特殊大气环流的主要驱动因素是太阳能，因为他们并没有探测到天王星上存在其他的能量来源的证据。但是科学家提出太阳光抵达天王星时，能量会弱上很多倍，因为天王星到太阳的距离的确太远。假如太阳能是天王星大气的主要驱动能源，那么它必然非常高效率。因此天王星的怪异天气至今仍是一个未解之谜。

52.海王星为什么看上去和地球一样是蓝色的呢

根据宇宙飞船从太空拍摄回来的地球照片和宇航员在宇宙空间飞行时的亲眼所见，地球是一个蓝色的星球。然而在我们的眼里，不仅地球是个蓝色的星球，海王星看上去和地球一样是蓝色的，这是为什么呢?

我们知道地球之所以是个蓝色的星球，是因为在地球上海洋面积是最大的，海洋在地球的任何地方都占主要地位，陆地就像是漂浮在海洋上的船只一样。地球上七分是海洋，三分是陆地。因为海洋的广阔无垠，水色偏蓝，因此从太空看地球时，它就成了一个美丽的蓝色星球，而海王星却不是这样的。其实行星与卫星都不能自己发出可见光，它们的光完全靠反射太阳光而来，既然这样的话，那么它们的颜色应该是相同的了，事实却并非如此。我们可以通过它们各自的特殊颜色，立即将这些行星从群星中分辨出来：金星的颜色璀璨耀眼，火星的颜色火红，木星和土星则呈现淡黄的颜色。其实行星颜色的不同与它们的大气组成成分和表面性质有很大关系。金星的璀璨耀眼是因为金星大气中浓密的二氧化碳和云层吸收了阳光中的蓝光部分，它反射的光线更多的是橙色光，因此自然显示金黄的色彩。火星尽管大气稀薄，但火星上的极端天气会将火星表面橙红色的物质卷上高空而使它呈现出红色。

在八大行星中，海王星的颜色与地球的颜色很相近。它在望远镜中呈蓝色，这是由它的大气成分所决定的。海王星的大气中含有大量的甲烷，而甲烷对阳光中的红光和橙光具有很强烈的吸收作用。这样被海王星的大气反射后的阳光的主要成分都是蓝光和绿光，因此海王星看上去就呈蓝色了。

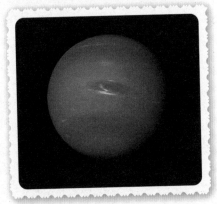

海王星是一颗远日行星，依据与太阳的距离由近及远的顺序排列为第八颗行星，是距离太阳最远的一颗太阳系行星。海王星表面呈现出淡淡的蓝色，因此西方人用罗马神话中的海神"尼普顿"的名字来命名它。

这颗蓝色的行星有着淡淡的天蓝色海王星环，但与土星环相比却是完全不同的。海王星环最初被发现的时候，科学家曾经认为它是不完整的。然而在"旅行者2号"探测器拍摄的图像中，科学家发现了有几个微弱圆环的海王星环系统，最外层的圆环是亚当斯环，这个圆环上有3段十分明显的圆弧。这些弧的存在实在令人惊奇，因为在运动定律中，弧应在较短的时间内变成分布均匀的圆环，但是这些圆弧至今仍然存在。

海王星环由2个亮环、1个较暗的内环和1个可能连接到海王星大气的弥散环等4个环所组成。有意思的是，在它的最外围的亮环亚当斯环上还分布着5段明亮的短弧线。怎样认识这一奇特的现象呢？科学家认为亚当斯环有一个密度很大的核心，外围则充满了尘埃。而这些亮弧段可能是环中的一些小卫星通过吸收周围的物质，又形成了更多的环状物，因而成为一段段明亮的圆弧。至于圆弧为什么十分密集，这可能是因小卫星的较小碎片或者一些尘埃集中在弧环中的缘故吧。

54.冥王星为什么不是行星呢

在太阳系的所有天体当中，冥王星是已经被发现的第九大围绕太阳运行的天体。它是在1930年被发现的，它的名字来源于罗马神话中的冥王普路托，而在中文中是冥王星的意思。冥王星最开始被发现的时候，科学家认为它是太阳系中的一颗大行星，直到2006年8月24日，第26届国际天文联合会将冥王星划为矮行星的行列，从此才将它"踢"出了行星这个大圈子。那么为什么冥王星不是行星呢？

冥王星最初被认为是太阳系中最后一个较大的行星。2006年以前冥王星与其他的八大行星并称为太阳系九大行星。然而国际天文联合会通过的决议对行星进行了新的定义。按照这个定义行星必须是围绕太阳公转、自身引力足以使天体呈圆球状、并且能够清除轨道附近物体的天体。而冥王星椭圆形的轨道同海王星的轨道有了部分的重合，因此不再属于行星这一范畴。而且冥王星是太阳系中至今还没有太空飞行器访问过的天体，甚至冥王星表面的大致模样在使用哈勃太空望远镜的情况下也只能模糊地观测到。

土卫八是太阳系中两个半球的亮度反差最大的天体，而冥王星在这个方面仅次于土卫八。冥王星的轨道十分不稳定，有时候比海王星离太阳更近，有时候却比海王星离太阳更远。和天王星很相似的是，冥王星的赤道面与轨道面之间也几乎成直角。

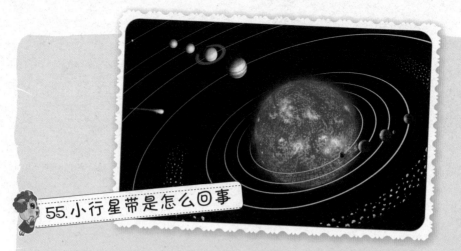

55. 小行星带是怎么回事

近年来，科学家通过研究发现在宇宙的一些区域中有着大量的小行星，后来科学界把这些区域命名为小行星带。那么这些小行星为什么会集中在这些区域当中呢？小行星带是怎么回事呢？

小行星带是小行星高度集中的区域，这些区域在太阳系内介于火星的轨道和木星的轨道之间。在小行星最密集的区域其数量可达到50万颗之多，这样的区域被称为主带，就是通常所说的小行星带。小行星之所以高度集中在小行星带中，木星的引力起着主要作用。此外，太阳引力也起着一定作用。

小行星带主要包含两种类型的小行星，在小行星带靠近木星轨道的外侧，主要是富含碳的小行星，它们的颜色偏红。而在靠近木星轨道内侧的部分则是含硅的小行星，它们的反射率比较高。小行星带中数量多、密度大，因此天体碰撞频繁，碰撞会产生大量的小行星碎片，而一些残骸在进入地球大气层的时候会成为陨石。当两颗小行星低速碰撞时，有可能会结合在一起形成新的小行星。

小行星带的形成原因至今仍是个谜团，但普遍认为是太阳系形成初期，在火星和木星之间的地方未能形成一颗大行星，因此形成了大批的小行星。而另一种观点是爆炸说，认为是太阳系八大行星之外的另一个大行星在亿万年前的大爆炸形成了大量的小行星。

在中国古代神话故事中，牛郎和织女在天上隔着银河遥遥相望，而只能在每年的七夕于鹊桥上相会。在晴朗的夜空中，我们会不由自主地去寻找阻隔他们的那条银河到底在哪里。在日常生活中，我们会发现天上的星星在银河的衬托下更加耀眼，而且我们所在的这个星球处在浩大的银河系当中。面对着无限神秘的银河系，我们怀着无比的好奇心开始了银河系之旅，探索这片神奇的天地。

第四章

银河系在哪里

"飞流直下三千尺,疑是银河落九天。"中国古代视银河为天河,因为认知的局限性,古人把注意力集中到牛郎、织女两个星座上,编造出牛郎织女的爱情故事。那么真正的银河系是什么样子的呢?

银河系是太阳系所在的天体系统,其中包括大约 1000 至 4000 多亿颗恒星和大量的星团、星云,还有星际气体和尘埃。银河系是一个旋涡状的星系,具有很明显的旋涡结构,有一个银心和 4 个旋臂。在银河系的 4 个旋臂当中,只有两个主螺旋手臂,另外两个螺旋手臂现在仍处于未成形状态。银河系的内部组成按从内到外的顺序依次是银心、银核、银盘、银晕和银冕。

银河系的年龄有多大了呢? 根据一些已知放射性物质的衰变时间,科学工作者们可以测定银河系中一些最年老的恒星的年龄,从而确定银河系的年龄,这种测定方法就是核纪年法。银河系中的第一代恒星核聚变反应极其快速,有的只持续几百万年就消失了。由于第一代恒星形成的时间与现在银河系中最年老恒星的形成时间差距不是很大,可以忽略不计,因此,通过年龄的对比,我们可以把现在能观测到的最年老的恒星的年龄作为银河系的年龄。

57.银河系的名字是怎么来的

晴朗的夜晚，当我们仰望星空的时候，有时可以领略疏星朗月的佳美，有时可以感受繁星满天的瑰丽。还可以在碧空中看到一条横跨天空像一条白色丝帛般闪烁着的光带，如同天空中的一条长河，夏季时呈南北走向，而到了冬天则接近于东西走向，其实这就是我们常说的银河。那么宇宙中银河系的名字是怎么样得来的呢？

银河在中国古代的时候又被称作"天河"，它看起来就像一条白茫茫的光带一样，从东北向西南方向横亘在整个天空之上。在银河里有许多白色的小点，就像是在水中撒了白色的粉末一样，交相辉映形成一片。实际上那一粒粒白色的粉末状物质就是一颗颗巨大的恒星。银河就像是一条真正的河流一样，恒星、行星、卫星等天体就像那一条条游动的鱼儿，水草等物质就像是宇宙间的星际物质一样，它们共同构成了这个璀璨的星河。

银河系当中有无数的恒星，而太阳就是其中的一颗恒星。假如在太空俯视银河的话，就会看到银河像个不断旋转的旋涡。银河系在天空中的投影就像一条在天上闪闪发光的河流一样，而我们所处的太阳系就在这个银河系中，并且我们看到的银河就是整个银河系的主平面在天球上的投影，所以就形象地以银河来命名银河系。

58.银河系的结构是什么样的

我们知道银河系其实就是一个旋涡状的星系，但是银河系的内部又是怎样的呢？银河系有着怎样的结构呢？

银河系的组成结构自内而外依次是银心、银核、银盘、银晕和银冕。

银河系中的大部分物质集中在一起形成了银盘，银盘就像是一个薄薄的圆盘一样。在银盘的中心有一个球形的物体就是核球。核球中心是一个密度很大的区域，就叫作银核。银盘的厚度在各个区域是不相同的，一般是银盘的中心厚度最大，由中心到边缘，厚度逐渐变薄。你知道吗？我们时刻依赖的太阳就存在于银河系的银盘当中。银盘内存在着银河系的旋臂，而且旋臂当中含有气体、尘埃和大量年轻的恒星。

在银河系的中心有一个球状的凸起部分，这就是银心。这里是银河系的自转轴与银道面交会的地方，在这个区域当中有着大量年老的红色恒星，恒星的分布密度非常高。

银盘外部空间由于范围较大，因此物质密度要比银盘中低很多，而这个外部空间就叫作银晕。银河系当中的银盘被外部的银晕紧紧地包围着。在银晕当中的恒星的密度比较小，而且银晕中还有着一些球状星团，这些球状星团主要是由老年恒星组成的。银晕之外的巨型球状射电辐射区域被称作银冕，如同银河系所戴的帽子。

59. 银河系是静止不动的吗

 遥望星空时，那横跨天际、璀璨闪耀的银河总能引起人们无尽的遐想。通过仔细观察，我们能够发现银河实际上是由许许多多颗的星星所组成的，不过，由于距离太遥远，它们看起来远不如整个银河看起来那么令人震撼。借助望远镜观察的话，它们看起来只像朦胧的云雾。那么，银河系在转动吗？

银河系作为一个整体，像行星、恒星一样进行着一定的自转运动。银河系与地球是不一样的，它是包含了多种天体的一种天体系统。天体与银河系中心的距离各有不同，因此不同距离的地方天体自转的角速度就会不同，而相应的线速度也就与转动半径没有了特定的关系。一般来说，线速度随着离银河系中心距离的增大先减小后又增大，到太阳附近时线速度几乎变为恒定。

银河系除了自转以外，其实也在宇宙空间中不断地运动着。因为我们的位置处在银河系当中，因此我们无法直接观测银河系在宇宙空间的运动方式，但我们可以选择某一个河外星系作为观察点，通过观察河外星系与银河系的相对运动，进而探索银河系的本身运动。天文学家已经观测出，银河系不仅在自转，它还以一定的速度朝麒麟座的方向运动着。因此银河系在一边旋转一边快速前进，像一个巨大的飞行器一样，沿着一条神奇的路线在太空运转着。银河系的运动也是很奇妙的吧！

60. 河外星系在哪里

七世纪的时候，人们在太空中发现了一些模糊不清的天体，这主要是由于它们与地球距离太远的缘故，所以人们分辨不清那些由大量恒星所构成的朦胧天体到底是什么情况。后来，美国天文学家哈勃根据一种叫作"造父变星"的天体，计算出了那些模糊天体的距离，发现它们是银河系以外的天体系统，因此科学家把它们叫作"河外星系"。那么河外星系到底是怎样的呢？

河外星系是位于银河系之外的一种天体系统，河外星系就像银河系一样包含着无数颗恒星、星云和星际物质。河外星系的名字是怎么来的呢？其实在银河系以外有着许许多多的天体，即使用小型望远镜观察这种天体，我们仍然无法分辨清楚。但是如果用大望远镜看，我们就会发现它们是由一颗颗的恒星所组成的，不是宇宙间的气体和尘埃，而且它们的形状也像一个旋涡。因此科学家们推断，它们一定是与银河系类似的天体系统，因为它们的距离都超出了银河系的范围，属于银河系以外的天体，因此被称为"河外星系"。

1924 年，美国天文学家哈勃在仙女座大星云的附近找到了被称为"量天尺"的造父变星，并利用造父变星的光变周期和光度等关系计算出了仙女座星云的距离，证明它确实是在银河系之外的天体系统，像银河系一样，仙女星云应改称为仙女星系。河外星系的发现使得我们对于银河系有了更深的了解。银河系仅仅是一个普通的星系，在宇宙的海洋中它只是一个小小的岛屿，是无限宇宙空间中极其微小的一部分。

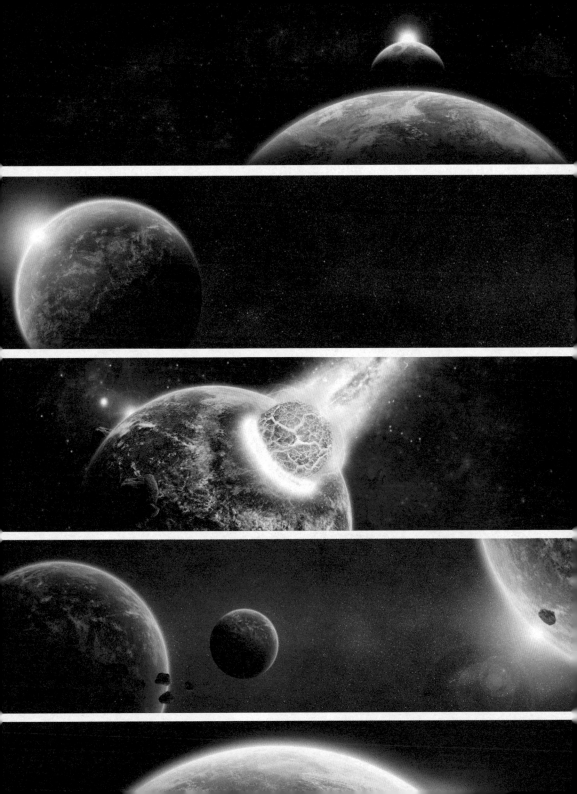

当我们仰望星空，看那流星飞逝，情不自禁地对这广袤的宇宙产生出无比的憧憬和好奇，宇宙到底在哪里？在这久远的历史长河中，我们凭借无穷的智慧，依靠先进的技术和仪器，才揭开了浩瀚宇宙的一缕面纱。我们目前所观察到的这一切不过仅仅是宇宙一隅。尽管每时每刻我们都在探索这片时空，但仍有着无尽的问题等待我们去探索与解答，探索这片星空，就让我们从了解宇宙开始吧。

第五章

宇宙到底在哪里

01 什么是星系

地球是颗美丽的星球，然而在宇宙中，地球就像大气中的一粒尘埃一样渺小。宇宙中有众多的天体系统，而我们就处在太阳系当中，那么太阳系属于什么呢？星系到底又是什么呢？

星系其实是恒星系统的简称，例如我们所在的太阳系。星系一词来源于希腊文，指的就是包含恒星、气体、暗物质等物质的天体系统，而且会受到重力的影响。大部分的星系不仅仅含有许多的恒星，而且星系当中都有星团及各种各样的星云。根据形状的不同，星系可分为椭圆星系、螺旋星系和不规则星系。对于星系的形成，科学家们有两种不同的看法，有的人认为星系是在137亿年前的宇宙大爆炸中产生的，而另一种认为是宇宙中大量的球状星团发生相互碰撞，毁灭后的微尘颗粒组合成了星系。

你知道我们的银河系目前已知的有多少颗恒星吗？大约有1000至4000多亿颗恒星，这个数目实在是太惊人了！但是还是由于距离太远的缘故，我们看到的只是一部分星光。在银河系周围有两个"邻居"，分别是大麦哲伦云和小麦哲伦云，它们均是不规则星系。由于银河系的引力作用，使得银河系不断地从两个邻居身上吸取尘埃和气体，科学家预计，在百亿年内，它的这两个"邻居"将永远消失。

62.星系是怎么样产生的

早期宇宙当中，黑洞会不断地融合其附近的物质，逐渐成长为超大质量的黑洞。这些超级黑洞的引力范围很广，将会不断把越来越多的气体拖入自己的引力范围当中，这些气体在数亿年间演变成了数千亿颗恒星，形成了原始的星系。年轻的星系就会有气体不断地诞生。在新的星系中心通常会有一个年轻的超大质量的黑洞，通过不停地吞入气体而不断地成长壮大。气体持续进入黑洞之后，使得黑洞变得相当饱和，于是黑洞内部便没有多余的空间来容纳更多的炽热气体进入。而在星系中会有一种叫作类星体的天体将多余的气体喷入太空，形成规模庞大的能量流。在喷出大量星际气体的过程中，超大质量的黑洞周围会产生巨大的热量，气体就会受热膨胀，有点类似于风但是规模要大得多，这些就是所谓的黑洞风。

黑洞不断吸入气体，然后类星体再将气体喷出，最终当星系中再没有多余的气体来制造恒星的时候，星系就会停止成长。因此一个星系的最终规模是由它的中心超大质量的黑洞的大小所决定的。如果没有气体的不断进入，类星体就会不停萎缩甚至消失，而星系的中心在失去气体原料后就会只剩下一个超大质量的黑洞和大量年轻的恒星。有科学家推测，类星体可能是年轻星系的雏形，并且每个类星体的中心都存在着一个超大质量黑洞。类星体和超大质量黑洞制造了星系，并对整个星系起着控制作用。

03.星系怎么样分类

我们都知道整个宇宙是无边无际、广袤壮阔的。不过，宇宙也和我们地球一样，有许许多多的小城市，它们组成了一个国家，这就是宇宙中的恒星系，简称星系，就像太阳周围围绕着许多像地球一样的星球，每一个星系也都有一个中心的天体，周围的星球围绕着它，形成一个大家庭。那么都有什么样的星系呢？

星系主要分成椭圆星系、螺旋星系和不规则星系三大类。

（1）椭圆星系

顾名思义，我们就知道：有许许多多的星球聚集在一起后，形成了一个椭圆球状，中间略鼓，两边窄。不过椭圆星系由于宽窄胖瘦不一样，椭圆的椭率也不一样，科研工作者们又把它详细地分了8类，为了更好地分辨并研究它们。

（2）螺旋星系

我们知道了椭圆星系是椭圆形的，那么螺旋星系自然是一个大大的漩涡了。不过，漩涡也是分为两类的，如果周围的星星沿着一条棒形区域旋转，那就是棒形涡旋星系，其中的那个棒形，被称为螺旋臂；若是围着一个圆点旋转，那就是无棒状涡旋星系。螺旋臂是能被看见的，因为它的密度很高，许多明亮且年轻的恒星都在这里诞生。

（3）不规则星系

不规则星系外形不规则，没有明显的核和旋臂，两边也不对称，它分为I型和II型两类。I型的是外形不甚规则的星系，但其内部还是可以看到一定的螺旋臂或者核心的。II型就是完全模糊的星系，既看不出它的外形，也分辨不出它有什么样的组成成分，不过，它的周围往往会围绕一圈尘埃带，让我们明显地辨认出来。科学家认为：II型不规则星系的一部分可能是正在爆发或者已经爆发后的星系，另一部分则是受伴星系的引力作用而扭曲了的星系。因而I型和II型不规则星系的起源可能是完全不同的。

64. 椭圆星系为什么被称为"老人国"

从星系的分类中，我们知道，河外星系中，有一种呈圆球形状或椭球形状的星系被称为椭圆星系。它们的中心区域非常亮，星系的亮度从中心区域向边缘递减，从整个外围看去，就像一个发光的橄榄球。有一些距离我们较近的椭圆星系，我们还可以用大型望远镜分辨出它们的外围都有什么成员。

椭圆星系中椭圆球的形状很像一个拉扁的球，有的人就认为椭圆星系是被外力拉成椭球形的，所以哈勃星系分类依照扁率从非常接近球状的E0，到非常扁平的E7，将椭圆星系分成了8类。椭圆星系上通常仅有少量的气体和尘埃，有的甚至没有气体。椭圆星系是宇宙爆发后，恒星的形成过程早已终结的星系，都是由一些年老的恒星构成的，很少会有新的大型恒星形成，所以，椭圆星系又被称为"老人国"。

虽然这里是"老人国"，但被围绕着的恒星还是会散发出光辉，只是它能够散发的热量很有限，所以它散发出黄色或红色的光芒，不同于散发大量热量而形成蓝色光芒的螺旋星系。

椭圆星系被单独分类出来，不仅仅是因为它的形状与其他星系有些不同，在物理上它还有着不同的特征：椭圆星系是由老年恒星构成的，而这些恒星是不规则运动的，不像螺旋星系呈规则状运动。在比较大的椭圆星系中，通常都存在着以老年恒星为主的球状星团。

05. 螺旋星系有什么独特之处

螺旋星系我们大体上知道它是一个螺旋形状的星系，但是你知道它是怎样形成的吗？它又有着怎样独特的地方呢？

螺旋星系其实是由两个星系碰撞形成的。星系间是有着强大的引力的，两个星系间相互吸引，最后碰撞在了一起。两个星系相互看着对方都觉得不顺眼，然后它们两个就发起了进攻，经过几百万年的斗争后，总会有一个星系不如另一个实力强劲，就被吞吃掉了。而另一个就会因为吸收吃掉对方，变得更加强壮巨大，从而形成了螺旋星系，就好像龙卷风一样，吸收并旋转着。

螺旋星系的中心通常会有一个有大量恒星紧密聚合在一起而形成的核球，由于这些恒星形成得比较早，因此会散发出红色的光芒，也只有小的红色恒星可以存活得这么久。这种螺旋星系被称为正常旋涡星系。不过，有的螺旋星系中心可不是一个球形，这些星系的中心的恒星聚集在一起形成一个短棒状，所以又被称为棒旋星系。

星系中都会存在大量的恒星，螺旋星系也不例外。这些恒星外围吸引着大量的行星围绕其旋转，又在重力的作用下形成了一个扁平的圆盘。这个扁平的圆盘边旋转边运动，远远地望去，就好像形成了一个螺旋臂。恒星组合在一起形成明亮的螺旋臂，但是，螺旋臂并不是由恒星的运动而造成的结果，但是这一区域的密度通常会比较大，因此，常常诞生出许多新的恒星，这些新形成的星星会发出蓝色耀眼的光芒，使这些螺旋星系发出闪亮的光。

66. 不规则星系为什么不规则

不规则星系就是整个外围形状不规则，也没有核心和螺旋臂，旋转方式也不对称的星系，代号为Irr。因为它们中的星球好像并没有紧密地联系在一起，所以，最开始的时候不被列入哈勃序列中。不过后来科学家认为这些不规则的星系最开始可能是椭圆星系或者是螺旋星系，最后由于重力等原因被扭曲了，才变成了不规则的样子。所以它们也是星系中的一种，而且占整个宇宙星系中的四分之一。不规则星系也分为两种类型：

Ⅰ型典型的不规则星系

虽然不规则星系的整个外形不规则，但是仔细观察会发现，一些不规则星系之间还是有一些规律与相似之处的。它们中间有些形似短棒状，而且它们大部分都是矮星系，体积非常小，重量却是太阳的1亿倍甚至是10亿倍。

Ⅱ型具有无定型的外貌的不规则星系

这种星系不仅外部没有什么形状，而且也分辨不出其内部恒星和星团等组成成分，但是它们的周围往往围绕着一圈尘埃带，好像腰带一样。

科学家认为它们中的部分星系可能是正在爆发或已经爆发后的星系，而另一部分则可能是因为外力的吸引变得扭曲了的星系。所以科学家推断这两种不同类型的不规则星系，可能起源并不相同。

67. 宇宙是什么

航空航天技术的诞生和不断发展为人类进一步探索宇宙提供了先进的手段和优越的条件，科技水平的提高使人类对宇宙有了更深广的了解。但是，宇宙到底是什么，很多人还是说不清楚。

在中国古代有一种说法："古往今来谓之宙，四方上下谓之宇。"在这种理念里，"宇"代表着上下四方，即所有的空间，而"宙"则代表着古往今来，即所有的时间。《庄子》一书最早出现了"宇宙"两字连用的情况。广义的宇宙指的是时间、空间、物质和所有能量组成的统一体，是所有时间和空间的综合。是一个时空连续的系统，包括所有物质、能量和事件等。而狭义的宇宙指的是对广袤的空间以及其中的各种天体和弥漫物质的总称，并且宇宙是处在不断地发展和运动之中的。

我们通常所说的宇宙一般是指地球大气以外的空间，即所谓的"外层空间"。地球是我们赖以生存的家园，而地球仅仅是太阳系中一颗小小的行星；太阳系只是银河系的众多天体系统中的一个，而银河系在宇宙所有的天体系统中，也许只是微小的一个……所有的天体系统汇聚在一起，共同组成了宇宙。宇宙，是所有天体共同体。

宇宙并非从来就有的，它也有着漫长的诞生和成长过程。宇宙自形成之初，就开始不停地运动着。科学研究发现，宇宙正在以一定的速度不停地膨胀着，星体与星体之间的距离也越来越大。而宇宙的明天会怎样，需要人类永不停息地探索。

远古时代，人们对宇宙的认识还处于低级状态，他们按照自己的想象对宇宙的样子做出了一系列的遐想。在中国西周时人们认为，天像一口锅扣在平坦的大地上，还有天圆地方的说法。而古印度人的想法就更是奇怪了，他们认为宇宙是圆盘形的大地伏在几只大象上，而象则站在巨大的龟背上。

最早开始认识到大地是球形的其实是古希腊人。早在公元前 6 世纪，希腊著名的数学家毕达哥拉斯认为在一切立体图形中球形最美，所以他提出天体和我们所居住的大地都是球形的，于是许多古希腊学者就都继承并不同程度地发展了这一观点。但是，这一切都只是大家的想象和猜测。最终，葡萄牙航海家麦哲伦率领探险队历经千辛万苦完成了人类第一次环球航行之后，才终于证实了地球真的是圆球形的。

公元 2 世纪，古希腊天文学家托勒密在总结前人对宇宙的认识的基础上，提出了"地球中心说"，他认为整个宇宙都是围绕着地球旋转的，地球成了宇宙的中心，直到 1543 年，波兰天文学家哥白尼才提出了"日心说"，推翻了宇宙以地球为中心的结论，不过当时的人们并不接受这种论调。随着时间的飞逝，技术的进步，人们才不得不承认日心说的正确性。到 17 世纪，牛顿又提出了万有引力定律，这才奠定了宇宙学的基础。

20 世纪以来，随着人类科学技术的飞速发展，天文观测的手段也不断地革新，越来越先进。近半个世纪以来，人们的研究领域已拓展至河外星系，发现了星系团、超星系团等更高层次的天体系统，并不断向更深广的宇宙空间探索。我们终于认识到宇宙是浩瀚无际的，等待着我们去探究、去发现。

69.人类是怎样认识宇宙的

近千年以来，随着人类科学技术水平的不断提高和观测仪器的不断发展，科学家逐渐揭开了宇宙一隅的一缕面纱，然而宇宙一隅是怎么样被认知的呢？人们又是怎么样认识宇宙的呢？

古代自然哲学家探究宇宙的问题，大多集中在大地和天空之间的相互关系上，后来又转向探讨地球和太阳之间的关系。对于宇宙的认识，中国古代很早就形成了"天圆如张盖，地方如棋局"的朴素直观的见解。在3000年前的西周初期，逐渐形成了"盖天说"。到了东汉，著名天文学家张衡在《浑天仪图注》一书中载有："浑天如鸡子，天体圆如弹丸，地如鸡中黄，孤居于内，天大而地小，天表里有水，天之包地，犹壳之裹黄。"这里描述的就是浑天说。古代埃及人认为大地像船一样漂浮在水面上，而古希腊人则认为大地下面是有支柱在支撑着的，古印度人更是异想天开，他们想象大地是驮在大象背上的。后来随着"地心说""日心说"及万有引力的提出，人们对宇宙有了更加深远的思考。

从古老的观天遗址到各种现代化的天文台，从最开始的目视观测方式到现在巨型的光学天文望远镜和射电天线阵，天文观测手段越来越先进。随着天文观测工具的研发和不断改进，建立在天文观测基础上的古老天文学，焕发出新的生机，得到了飞速发展。

用现代化的科学技术装备起来的现代天文台和各种科技含量趋于高精尖的太空探测器，为人类打开了一扇又一扇通往茫茫宇宙的大门。在人类探索宇宙奥秘的道路上，它们是强有力的科技助手。

70.宇宙诞生的理论有哪些

宇宙包含了世界上的万事万物，它是时间与空间的总和。千百年来人类一直致力于揭开宇宙的奥秘，那么宇宙到底是怎么样诞生的？这是从3000多年前的古代自然哲学家们到现代天文学家们一直都在苦苦思索的问题。

时至今日，尽管科学家对宇宙的探索有了巨大的进步，但对于宇宙是怎么样诞生的这一问题至今仍未定论。直至20世纪，两种"宇宙模型"的出现对解释宇宙诞生这一问题产生了深远的影响，一个是稳态理论，另一个是大爆炸理论。

稳态理论认为，宇宙是稳定的，它一直保持着某种状态，不因时间的转变而改变。这种理论认为宇宙内的物质以某种速度产生着，而老的物质也以某种速度在消失，所以，正好可以维持宇宙的密度不会改变。它非常肯定地预言了宇宙到底应该是什么样子的，也正因为如此，我们很容易判断出这种理论是不是正确的，当宇宙背景辐射被发现之后，这一理论就被我们否定了。

目前学术界普遍接受的是"宇宙大爆炸"理论，这是由比利时数学家勒梅特首次提出的，他认为宇宙的物质最初集中在一个超原子的"宇宙蛋"之中，经过一次无可比拟的大爆炸分裂成无数的碎片，继而慢慢地膨胀，并最终形成了今天的宇宙。他认为宇宙爆炸后宇宙体系并不是静止的，而是在不断地膨胀，使物质密度从密到稀不断地演化，进而膨胀到现在，而且还会继续膨胀下去。宇宙大爆炸的理论的正式提出是在1946年，是由美国物理学家伽莫夫提出的。宇宙正在膨胀的红移现象和20世纪60年代的"宇宙微波背景辐射"两个发现都似乎证明了大爆炸理论是正确的。早晚有一天，我们会确定地知道宇宙是怎样形成的。

71.宇宙的范围到底有多大

人们常用"不知天高地厚"来批评那些无知的人，其实对于天究竟有多高这个问题，至今也没有人能彻底说清楚，宇宙的范围大小也就成为天文学家争论不已的问题之一。

宇宙到底有多大？古今中外众说纷纭，但最终根本的争论还在于：宇宙到底有没有边？它是有限的呢，还是无边无际的？公元140年左右，希腊天文学家托勒密提出了"地球中心说"，认为地球是整个宇宙的中心。到了16世纪，这一理论被波兰天文学家哥白尼提出的"日心说"所推翻，他认为地球是围绕太阳转的，所以太阳才是宇宙的中心。但是后来人们通过天文望远镜观测发现，太阳系的直径大约是120亿千米，地球同整个太阳系比较不过是沧海一粟。银河系拥有大约1000至4000多亿颗恒星和大量星云，太阳系同它比较也只不过是沧海一粟。

时至今日，我们已经发现的距离我们最远的星系有100多亿光年，银河系也不过是其中的一颗沙粒。目前通过先进的大型天文望远镜我们能观测到100多亿光年以外的天体，但是依然无法发现宇宙的边缘。因此相当多的天文学家认为宇宙是无限的，不存在边界和中心。但是也有一部分科学家认为宇宙是有限的，宇宙起源于大爆炸，自宇宙产生至今的时间是有限的，而且宇宙膨胀的速度是一定的，所以宇宙一定有固定的大小。

总之，宇宙的范围到底有多大，是有限的还是无限的，至今仍然还是一个谜，随着人类航空航天技术的发展和天文学家研究的不断深入，这一天文学难题有望得到解决。

72.宇宙中有重力吗

一个苹果砸中你的时候，你的第一个想法是什么？300多年前，当苹果砸中牛顿的时候，他想到的是苹果为什么会落到地上，而不是到天上去的问题，进而提出了地球重力的概念。在地球上，我们把使物体获得质量的力称为重力，一般由万有引力和惯性组成。它使我们能够平稳地站立在地面上，那么宇宙空间中有重力吗？

随着科学技术的飞速发展，载人航天飞船发射成功之后，我们才知道：宇航员在太空中是不能自如行走的，他们以及他们的食物、用具等都在所搭乘的飞行器中飘浮。这是为什么呢？因为他们失重了。在地球上时，地球对我们的引力是竖直朝下指向地心的，这样我们就有了重量，能够站在地球表面。那么月球上没有办法站立，是因为没有重力吗？

我们总是觉得既然宇航员能在太空中飘浮，那么宇宙自然是没有重力的。事实上这种看法是错误的，宇航员在太空中飞翔，是因为他离地球太远了，这种引力就变得弱了。而宇宙间的各个星球相互之间都是有引力的，例如，在人类的探月之旅中当宇宙飞船的速度超过一定值之后，就会摆脱引力，飞向太空，当飞船靠近月球时，就会被月球所吸引，开始围绕着月球做圆周运动。

73. 宇宙的年龄多大

地球上的动、植物都是有生命的，人的一生要经历出生、成长、死亡等阶段，生物皆是这样。既然众多生命都有时间的限制，那么我们所处的这个宇宙年龄多大了呢？

宇宙从某个诞生时刻到现在的时间间隔就是宇宙的年龄。现在，我们无法确定宇宙的诞生时刻，于是，科学家们就想到了一个办法：既然天上的星星的光芒都是经过了几亿年才到达我们眼中的，所以我们观测宇宙是从什么时候开始发射出光线，不就知道了宇宙的诞生时间吗？于是，科学家们就将哈勃望远镜所观测到从宇宙发射出的光线的年龄定义为哈勃年龄，这个时间就是宇宙最少存在了多久。根据大爆炸宇宙模型推算，宇宙年龄大约是200亿年。并且和地球一样，宇宙中也有和宇宙差不多同龄的古老"恒星"。根据这种恒星的年龄，我们差不多就可以推测出宇宙的大致年龄，这种方法也被认为是测算宇宙年龄最基本的方法之一。

科学家们对宇宙的年龄有不同的意见，根据不同的宇宙学模型，科学家们估计宇宙的年龄介于100亿~160亿年之间。2001年科学家借助南欧洲天文台的望远镜，观察一颗被称为CS31082-001的星球，计算出它的年龄是125亿年，这个估计的误差大约是30亿年，即宇宙的年龄至少有125亿年。2013年3月21日，根据欧洲航天局公布的由"普朗克"太空探测器所传回的宇宙微波背景辐射全景图，科学家们进一步验证了宇宙学标准模型，把宇宙的精确年龄修正为138.2亿岁。

34. 宇宙天体怎么样运动

在浩瀚的宇宙中，有数之不尽的天体在运动。那么宇宙是怎样运动的呢？天体又是怎么样运动的呢？

1929 年，美国天文学家哈勃根据"所有的星云彼此都在互相远离，而且相互远离的速度也在不断地加快"这样一个天文观测结果，得出的结论认为：整个宇宙都处在不断膨胀的过程中，星系彼此之间的分离运动也属于宇宙不断膨胀的一部分，并不是由星系内部斥力的作用所致。我们可以假设宇宙是一个正在不断膨胀着的气球，而星系相当于气球表面上的一个个点。假如气球不断膨胀的话，那么气球的表面就会不断地向外膨胀，它的表面上的每个点之间的距离就越来越远。那么任何一点上的人就会看到其他所有的点都在不断地远离，而且离得越远的点，远离的速度就越快。

既然宇宙是在不断膨胀着的，那么宇宙中的天体又是在怎么样运动着的呢？在大爆炸后形成了宇宙，在地球上，借助天文望远镜我们可以看到不同的天体星系团，星系团由无数的恒星系和恒星系中的行星所构成。天体的自转和公转是天体在本原动力以及引力场的作用下产生的，宇宙中所有的星系不但要自转，而且还要围绕着宇宙中心进行公转运动。如太阳系中的八大行星不仅在自转，而且还在围绕着太阳进行公转。而在银河系中，太阳系则围绕着银河中心公转。我们所生存的地球，自转一周需要 23 小时 56 分，即约一天，而地球围绕太阳公转一周则需要一年。

75.宇宙会不会灭亡

从古到今，人们一直在不断地对广袤的宇宙进行探索，宇宙的起源、宇宙的未来这些问题一直是大家千百年来研究的问题，那么宇宙的未来是怎样的？宇宙会灭亡吗？

诺贝尔奖获得者布莱恩·施密特指出，宇宙的空间正在不断地膨胀着，而且他预计可能在百亿年后，我们将无法再用肉眼观测到美丽的星空，黑夜将呈现出一片黑暗，我们将看不到任何星星。大概千亿年之后，除了我们所在的银河系，所有星系之间都将距离十分的遥远，而且还会不断地远离，人们看到的宇宙将空无一物。对于宇宙未来会不会灭亡这个问题，科学家们仍存在争议。

现阶段宇宙正在不断地膨胀着，而且宇宙的膨胀是均匀的，可以采用一个单独的数值，即两个星系间的距离来描述它。现在这个距离在不断地增大，但是人们预料星系与星系之间的引力正在降低这个膨胀。如果宇宙的密度大于这个临界值的话，引力的作用将最终致使膨胀停止并使宇宙重新开始收缩。宇宙就会坍缩到一个点，而时间本身就会在这个点处终结。反之，如果宇宙的密度小于这个临界值，将会永远地膨胀下去。其密度在一段时间后会变得非常小，引力的作用对于减缓膨胀没有任何显著的效应。星系会继续以一定的速度相互远离，宇宙就将永远膨胀下去。

至于宇宙的未来到底会怎么样变化，还需要科研工作者们进一步深入研究和探索。

76.怎样在太空中说话

在 日常生活中，我们可以通过声音来传递信息、相互了解。假如世界没有了声音的话，也许我们的生活将会很麻烦。那么在宇宙中我们是怎样对话的呢？

声音是一种由物体振动而产生的波所造成的听觉印象。声音是机械波，传播需要介质。声音可以在固体、液体以及气体中传播，在真空中是不能传声的。声音在固体中的传播速度最快，在液体中的传播速度次之，在空气中的传播速度最小。当物体振动时，振动物体所产生的声波通过介质传到人耳，由外耳道所接收的声波，再撞击鼓膜，然后鼓膜的振动再通过听小骨传给听觉神经，听觉神经接着把声音信号传递给大脑，这样我们就听见声音了。

太空是真空状态的，声音因为失去了传递的介质而无法在太空中传播。在太空里，宇航员如果不借助传声工具的话，即使是面对面也无法听到对方讲话的声音。在宇宙飞船内，宇航员可以直接通话是因为飞船内有空气，有介质可以传播声音。但是在飞船外，由于太空是近真空的，为了实现相互之间的正常交流，他们只能使用无线电通话。无线电通话的原理是首先把声音转换成电信号并加载到电磁波上，通过天线发射到空中。当电磁波在空中传播遇到金属导体时就会在导体内产生感应电流，并通过调频的方式有选择地接收电磁波的频率，加载到电磁波中的声音信号被放大电路放大后再接入扬声器，于是无线电另一端的人就可以听到了。

77.古人怎么样认识宇宙

亚里士多德

在远古时代，人们对宇宙的观测和研究虽然还谈不上完全科学化和系统化，但却不乏富有启示意义的一些大胆猜测和设想。尽管这些猜想不完全是正确的，却体现了古人对宇宙的无尽探索精神。

中国古代人们的宇宙观主要有盖天说和浑天说。盖天说大约出现于殷末周初，当时的人们凭着直觉，认为天就像圆圆的车盖，大地像棋盘那样平整。这一学说经过不断的完善，后来的古人将方形大地改为圆拱形大地，拱形大地的设想为以后球形大地的观点奠定了基础。盖天说因为不能解释日月星辰何处升落这个问题，于是后来的浑天说就应运而生。浑天说主张大地是球形的，天空也是球形的，而大陆漂浮在水上。三国时有个名叫徐整的人，提出"天日高一丈地日厚一丈"的思想。由此可见，中国的古人很早就有了天地膨胀的思想。

西方人也先是判断大地是平的，但是古希腊的亚里士多德认为地球是圆的，主要是因为以下三种情况：第一，海上渔民发现越往南行驶的时候，北极星与地平线之间将越来越接近；第二，月食是地球运动到太阳与月亮之间形成的，月食就是地球在月面的投影，月食总是圆的说明地球是圆的；第三，从地平线驶来的船总是先出现船帆再出现船身。

后来托勒密继承发展了其学说，形成了地心说，这种说法被当时的大多数人所接受。再后来哥白尼提出了日心说，伽利略是其继承者，到1609年地心说才被废弃。此后开普勒三定律、运动定律和万有引力定律开启了近代宇宙学的大门。

78.盖天说、浑天说是怎样认识宇宙的

中国古代最早的一种宇宙学说就是盖天说，早期的盖天说认为圆形车盖似的天覆盖在正方形的大地上。但是圆盖形的天与正方形的大地是无法合理接触并相吻合的，于是人们又提出天就像是一把大伞一样高高地悬挂笼罩在大地之上，地与天之间通过八根柱子相互连接，天和地就构成了亭子那样的形状。盖天说解释日月星辰的出没时，认为日月星辰运行时，距离在不断地变化，距离近时我们就能看见它们，远了自然就看不到了。

浑天说最初认为地球浮在水上，后来认为地球浮在空气中，因此地球才有可能来回地运动。浑天说假设有一个"天球"，恒星都在这个球上，而日月星辰也在"天球"上运行，浑天说的这种想法与现代天文学十分接近，因而浑天说可以运用球面坐标系来计量天体的运动。在古代，对于恒星的位置、日月星辰的移动变化，都是运用浑天说来描述的，所以，浑天说不仅仅是一种宇宙学说，而且可以用来测量天体运动位置的改变。

在浑天说提出以后，盖天说并未立即被人们抛弃，但是浑天说要比盖天说进步得多。浑天说"手中"有浑仪和浑象两大法宝，借助于浑天仪观测到的实际情况来论证浑天说，浑象可以将天体的运行轨迹形象化地演示出来。到了唐代，浑天说逐渐取得了主导地位，并且通过天地测试彻底地否定了盖天说，在中国古代天文领域浑天学成为称雄了上千年的宇宙学说。

哥白尼

地心说的最早提出者是古希腊学者欧多克斯，后来这个学说在亚里士多德和托勒密等人的研究下，进行了更深层次的发展而逐渐建立起来。托勒密等人认为，宇宙的中心是地球，而且地球处于静止不动状态，地球的外面依次有月球、水星、金星、太阳、火星、木星和土星，这些天体在各自的轨道上绕地球运转。尽管地心说当中把宇宙的中心认为是地球的观点今天看来是错误的，但是地心说却是世界上第一个天体运动模型，它在历史中起到的作用是无法抹杀的。

在哥白尼的"日心说"提出之前，"地心说"在中世纪的欧洲一直占据着统治地位。随着科学研究的不断发展，天文观测的精确度渐渐提高，人们发现了地心学说存在着很多的破绽。到欧洲文艺复兴时期，人们发现托勒密所提出的均轮和本轮的数目与理论显然是有出入的，从而证明了地心说的局限性。日心说也是关于天体运动的学说，而且日心说与地心说是两个相对立的学说，它认为太阳才是宇宙的中心，而不是地球。地球是球形的，而且在不断地做着自转和公转运动，并且 24 小时自转一周。太阳在太阳系的中心，而且是静止不动的。哥白尼所提出的日心说挑战并最终推翻了当时居于统治地位的地心说，在天文学的历史上实现了一场根本性的变革，具有里程碑的意义。

宇宙是怎么样诞生的呢？我们来了解一下宇宙大爆炸学说是怎么样解释宇宙诞生的。

"宇宙大爆炸"理论认为我们的宇宙原本是一个体积不是很大但密度和温度却是相当大的火球。大约在 150 亿年前，黑暗的宇宙发生了史无前例的大爆炸。宇宙怎么会爆炸呢？假如我们把宇宙比喻为一个球的话，构成这个球的物质将是特别的大，而且作为一个火球它的温度也是相当高的。由于高温和物质的不稳定性，宇宙在不断膨胀着。当宇宙年龄为 10 ~ 44 秒时，宇宙的温度达到爆炸温度，宇宙突然开始"暴胀"，就像一个气球突然被人猛烈一吹发生爆炸那样，宇宙发生了巨大的爆炸，而爆炸使宇宙空间在短时间内迅速增大。宇宙的温度也随着宇宙的爆炸膨胀而迅速下降。在大爆炸结束后的几十万年时间内，宇宙的温度已下降到很低的状态，在这期间各种化学元素也就开始形成了。在大约 150 亿年的时间里，宇宙不断膨胀着，温度也在逐渐地降低着，与此同时各种生物开始在地球上产生并逐渐繁衍生息。

迄今为止人类所能观测到的距离地球最为遥远也最古老的天体，是距地球大约 131 亿光年的一个星系。它的产生和存在，可能就是由宇宙大爆炸所致。此外，美国宇航局还通过宇宙背景探测器发现了宇宙诞生过程中原始火球的残留物。宇宙的诞生在科学界至今仍无定论，因此宇宙是否是大爆炸产生的，仍然有待科学进一步证明。

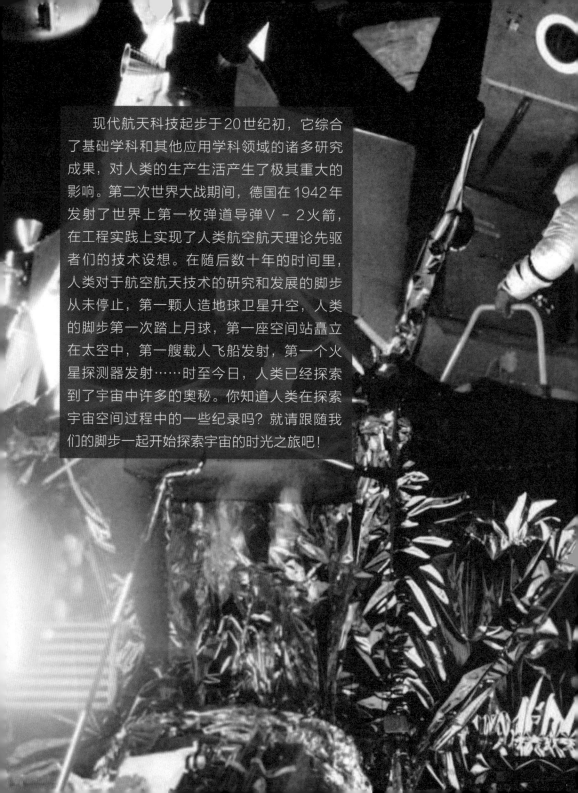

　　现代航天科技起步于20世纪初，它综合了基础学科和其他应用学科领域的诸多研究成果，对人类的生产生活产生了极其重大的影响。第二次世界大战期间，德国在1942年发射了世界上第一枚弹道导弹Ｖ－２火箭，在工程实践上实现了人类航空航天理论先驱者们的技术设想。在随后数十年的时间里，人类对于航空航天技术的研究和发展的脚步从未停止，第一颗人造地球卫星升空，人类的脚步第一次踏上月球，第一座空间站矗立在太空中，第一艘载人飞船发射，第一个火星探测器发射……时至今日，人类已经探索到了宇宙中许多的奥秘。你知道人类在探索宇宙空间过程中的一些纪录吗？就请跟随我们的脚步一起开始探索宇宙的时光之旅吧！

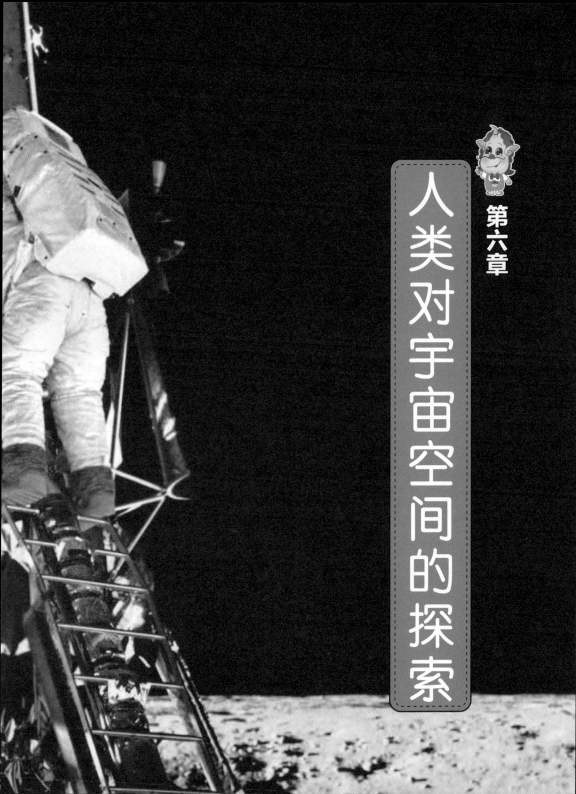

第六章

人类对宇宙空间的探索

卫星是宇宙中的一种天体，它们围绕着行星在一定的轨道上做周期性的运动。卫星分为天然卫星和人造卫星两类，月球就是地球唯一的一颗天然卫星。人造卫星的概念可能最早始于 1870 年，而世界上第一颗人造卫星——"斯普特尼克 1 号"是在 1957 年由苏联所发射的。随着现代科技的不断发展和进步，人类研制出了各种类型的人造卫星。

人造地球卫星就是被发射到绕地轨道上做短期或长期运行的人造航天器。人造地球卫星的轨道一般是以地球为焦点的椭圆形轨道，特殊情况下这一轨道是以地球为中心的圆形轨道，而且它们的运行均遵循开普勒行星运动定律，运行时离地面的高度根据作用的不同而定，通常不低于 200 千米。

1957 年 10 月 4 日，世界上第一颗人造地球卫星在苏联的拜科努尔发射场发射成功，宣告了人类从此进入利用航天器探索宇宙空间的新时代。第一颗人造地球卫星的设计者是苏联著名的火箭和宇航设计师科罗廖夫。这颗卫星的制造工作也是由他来主持的。该卫星是由镀铬合金制成的圆球形航天器，重量高达 83.6 千克，绕地运行一周的时间是 96 分钟。它在近地轨道上绕地飞行 1400 圈，92 个昼夜，总航程 6000 万千米。

鉴于 1957 年 10 月 4 日所发射的第一颗人造地球卫星，在人类探索外空的道路上所具有的里程碑意义，以及为了纪念 1967 年 10 月 10 日《外层空间条约》生效，在 1999 年联合国第三次外空会议上，与会各国一致建议，将每年 10 月 4 日至 10 日定为"世界空间周"。这一建议在同年 12 月的联合国第 54 届大会上被确定下来。

月球是被人们研究相对比较多的天体。晴朗的夜晚，大家就可以看见明亮的月亮。千百年来，人类一直梦寐以求飞到月亮上去。人类至今唯一亲身到过的地球之外的天体就是月球。

登陆月球指的是人类驾驶太空或者控制无人太空探测器降落在月球表面上。1959 年，苏联率先发射"月球 1 号"无人探测器到达月球附近实现绕月飞行，发射了"月球 2 号"撞击月球，成为航空史上首个登陆月球的无人月球探测器。

1961 年，当时的美国总统肯尼迪提出了航天史上著名的"阿波罗月球探测计划"。"阿波罗"计划的任务是为实现载人登月飞行做准备。1969 年 7 月 16 日，"阿波罗 11 号"从卡纳维拉尔角发射场启程，飞船上同时搭载有 3 名宇航员：飞船指令长阿姆斯特朗、指令舱驾驶员柯林斯和登月舱驾驶员奥尔德林。7 月 20 日，"阿波罗 11 号"的登月舱降落到月球表面，开始了人类有史以来的登月活动。7 月 21 日凌晨 2 时 56 分，"阿波罗 11 号"的登月舱舱门打开，阿姆斯特朗第一个走下舷梯，在月球表面上留下了人类的第一个脚印。

随后，人类先后数次登上月球，并开展了一系列的科学考察工作，对月球的认识也逐步深入！

空间站是一种在近地轨道上实现长时间运行的载人航天器，这种航天器可同时承载多名航天员长期在太空工作和生活。空间站一般分单一式和组合式两种。单一式空间站可由航天运载器一次发射进入轨道即可，而组合式空间站的建立则有着比较大的困难，它需要由航天运载器分批将组件送入轨道，并且还需要在太空进行组装。在空间站中还要有人能够维护工作生活所需的一切设施，不需要经常返回地球。

空间站的结构特点是体积很大，可同时供给数人居住，而且可长时间飞行，能在站内开展多种科研项目。空间站的主体是一个载人生活舱，当然还要有不同用途的其他舱段。空间站的能源通常是太阳能，因此空间站外部装有太阳能电池板。此外，空间站外部还要有可与其他航天器实现对接的对接舱口。

苏联是世界上最先发射载人空间站的国家。1971 年 4 月 19 日，苏联发射了世界上第一个空间站"礼炮 1 号"，开创了载人太空飞行的新纪元。"礼炮 1 号"空间站由轨道舱、服务舱和对接舱所组成，整体呈不规则的圆柱形，它还同"联盟号"载人飞船实现对接组成了可供 6 名宇航员工作生活的居住舱。"礼炮 1 号"空间站在太空中运行了 6 个月，先后与"联盟 10 号"和"联盟 11 号"两艘飞船实现了对接，在太空共停留了 26 天，在顺利完成使命后它于同年 10 月 11 日在太平洋上方坠毁。

迄今为止，全世界已发射了 10 个空间站。

84.谁在太空停留时间最长

自1971年苏联成功发射了第一座空间站"礼炮1号"后，人类已经实现了能够长期停留在太空的愿望，那么在所有国家的宇航员中，谁在太空中停留的时间最长呢？

俄罗斯航天员谢尔盖·瓦西里耶维奇·阿夫杰耶夫参加过3次太空飞行，3次太空飞行累计飞行747天14小时，创下了一项航天最高纪录。但是到2005年，俄罗斯资深航天员谢尔盖·克里卡列夫打破了同胞谢尔盖·瓦西里耶维奇·阿夫杰耶夫创造的累计太空停留时长纪录，成为累计在太空停留时间最长的人，他在太空停留的累计时长为748天。

谢尔盖·克里卡列夫是俄罗斯一位资深的航天员，曾多次在空间站工作和生活。1991年5月，克里卡列夫飞往"和平号"空间站执行任务，他在"和平号"上生活了1年零3个月。返航时，他的祖国已变成了俄罗斯，他也成为第一个登上"和平号"空间站的俄罗斯人，同时他也是国际空间站"曙光号"最早的3个太空居民之一。他还是首位乘美国航天飞机飞行的俄罗斯航天员和国际空间站第一个机组成员。

85.迄今为止，世界上最大的空间站是哪个

国际空间站是一项大规模国际合作计划，它是由6个太空机构联合推进的计划，也是迄今为止世界上最大的空间站。这艘航天器运行在距离地面360千米的绕地运行轨道上。这个计划最初的设想是由美国前总统里根首先提出的，不过直到1993年，国际空间站才开始真正进入实质性的实施阶段。该空间站以美国和俄罗斯两国为首，还有加拿大、日本、巴西和欧空局的成员国共计16个国家参与研制。其中，欧空局的正式成员国有比利时、丹麦、法国、德国、英国、意大利、荷兰、西班牙、瑞典、瑞士和爱尔兰等11个国家。

同遥感卫星相比，国际空间站在对地观测方面，要更具优越性。首先在国际空间站的遥感任务之中，是有人参与的，因而当地球上发生地震、海啸或者火山爆发等灾害时，宇航员可以在最快时间里适时调整遥感器的各种参数，以更好地进行观测。

此外，在太空微重力方面，国际空间站可以为生命科学、材料科学、燃烧科学、航天医学、生物技术、流体物理等领域提供比地球上优越得多的条件，大力促进这些学科的进一步发展。

不得不提的是，国际空间站的建成和投入使用，也是人类向着太空旅游，建立永久性太空居住区，向地球之外的其他星球移民等载人航天的远期目标前进的一步。

86.为什么发射航天器要用多级火箭

航天器又被称为空间飞行器，它们在宇宙空间中按照开普勒行星定律进行运动。载人航天器家族中主要包括载人飞船、空间站和航天飞机。

航天器基本上属于无动力的装置，它们通常依靠二级运载火箭提供的动力来运动。燃料耗尽之后，运载火箭就会自动同航天器分离，并开始向地球下落，而航天器将会绕地球轨道飞行或者在足够的动力作用下继续飞向太空目的地。

目前在太空中运行的各类航天器大多数都是用火箭把它们送到太空中去的。但是，目前最好的单级火箭的速度远远达不到第一宇宙速度的目标，为了摆脱地球引力的影响，发射航天器就需要采用多级火箭。早在 20 世纪初俄国科学家齐奥尔科夫斯基就指出，要提高火箭的飞行速度，可以有两种方法。或者是提高火箭发动机的喷气速度，或者是提高火箭的质量比（起飞时火箭的质量与发动机熄火时火箭质量的比值）。因此科学家把火箭串联或并联起来，在发射过程中，燃料耗尽的运载火箭一级一级地掉落，质量就会一级一级地减少，而速度却会越来越大，最后使火箭上的卫星或飞船达到 7.9 千米/秒以上的速度，顺利地进入太空。

据科学家预测，等到更新型的燃料和更先进的材料出现之后，单级运载火箭作为各类航天器的发射载体将变成现实，而这个目标或许在不久的将来就可实现。

1961 年4月12日，世界上第一艘载人宇宙飞船"东方一号"由苏联成功发射，宇航员尤里·加加林成功地完成了具有划时代意义的太空飞行任务，从而实现了千百年来人类遨游太空的梦想，拉开了人类进入太空的帷幕。

"东方一号"载人宇宙飞船的质量是4.73吨，由载人舱和其他设备组成，飞船上装有氮气和氧气瓶，以及无线电设备所用的化学电池等。飞船沿着一定的椭圆轨道绕着地球飞行了一周，历时共108分钟，接着脱离轨道返回地球。飞船到达距地面7千米的位置时，加加林从座舱里顺利弹出，凭借降落伞安全着陆。

那么，宇宙飞船到底是一个什么样的航天器呢？宇宙飞船又称载人飞船，是载人航天器的一种，宇航员可乘坐其离开地面进入宇宙空间执行航天任务，能在其上工作、生活并安全返回地面。在载人航天器中，宇宙飞船是最小的一种，而且仅能使用一次。载人飞船通常包括卫星式载人飞船、登月载人飞船和星际载人飞船三种。目前，星际载人飞船仍未研发出来，至今还在探索阶段。

载人飞船通常是由宇航员座舱、轨道舱、服务舱、气闸舱和对接机构等几大部分构成的。对于登月或者登上其他星球这样的特殊任务还必须配备具有不同特殊功能的舱，以承担各自不同的航天任务。其中，座舱是飞船发射和返回过程中宇航员所搭乘的舱，同时也是飞船的控制中心。对接机构主要负责与空间站等其他航天器完成对接和锁紧工作。而这一切保障了宇航员在太空飞行过程中的生命安全，使得各项太空探索和研究工作得以顺利地进行。

88. 人类怎样进行太空行走

太空行走其实就是宇航员在太空中暂时离开航天器的出舱活动。狭义的太空行走即指航天员只身进入太空的出舱活动。航天员在其他天体上完成各种任务的过程就是广义的太空行走。太空行走对技术的要求很高，是载人航天技术中很重要的一环。航天员在舱外行走主要有"脐带式"和"自由式"两种方式。

"脐带式"太空行走，是用一条脐带式的生命保障系统与乘员舱相连接。这条带子设计得通常不超过 5 米，主要有两个方面的作用：一是为宇航员提供生命的保障，宇航员太空作业时在舱外所需要的氧气、电源和通信等都是由这根"脐带"提供的；二是可以起到保险作用，不至于出现航天员飘离航天器太远而回不来的情况。苏联在世界上第一次进行太空行走时采用的就是"脐带式"。

"自由式"太空行走，即宇航员的航天服背后装着便携式环控生保系统，不需要再系安全带。航天员与航天器分离出舱后，借助于舱外用的航天服、便携式环控生保装置以及太空机动装置，就可以到达距离载人航天器 100 米远的地方活动。

人类第一次太空行走是什么时候呢？在多年的准备和多次实验的基础上，1965 年 3 月 18 日，苏联宇航员阿里克谢·列昂诺夫与另一位宇航员别列亚耶夫驾驶"上升 2 号"飞船执行太空任务时，阿里克谢·列昂诺夫在距离地球 50 万米的太空中打开飞船的舱门，迈出了人类在茫茫宇宙中只身行走的第一步，这也成为人类历史上第一次太空行走。

89. 哪个国家进行了第一次太空对接

一架正在飞行的战斗机没有燃料的时候，另一架飞机可以在高空中为它添加燃料，但是处在太空中的航天器能够像飞机那样连接起来吗？

太空对接指的是多个航天器在太空飞行时相互连接起来，形成一个规模更大的航天飞行器，用以执行某些特别的任务，太空对接技术通常是由航天器控制系统和对接机构来共同完成的。两个航天器要实现对接是一件很困难的事，它要求在控制航天器的运行方面必须很精确。美国最先尝试了太空对接技术，为实现载人登陆月球，他们利用"双子星座号"飞船尝试了对接试验，1966 年，美国发射的"双子星座 8 号"飞船与另一艘预先发射的无人航天器对接成功，完成人类历史上首次太空对接。苏联于 1967 年用"联盟号"系列飞船进行了对接试验。1969 年 1 月 14 日，苏联发射载人飞船"联盟 4 号"，之后与"联盟 5 号"对接成功，实现了世界上第一次两艘载人飞船在太空对接的任务。苏联从发射第一艘飞船到最终实现太空对接用了 8 年的时间。

现在大型空间站的建造并非仅仅凭借一次发射就能建成的，而是要经过多次发射，然后各个构成部分在太空进行对接组装而成的。美国"阿波罗号"登月飞船登月时，对对接技术的要求更加严格，因为在登月时登月舱与指挥舱分离，而在月面完成任务后，登月舱还必须在月球轨道上与指挥舱对接，假如不成功的话，它们就无法返回地球了。

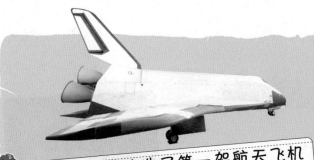

90.哪个国家建造了第一架航天飞机

航天飞机是以火箭发动机为动力发射到太空中的航天器，并且可以重复使用，沿着一定轨道运行，可以往返于太空和地面之间，也被叫作太空梭或太空穿梭机。航天飞机兼具了飞机与航天器的功能，它既能把人造卫星等航天器送入浩瀚的太空，也能像宇宙天体那样沿着一定的轨道运行。航天飞机为人类进入太空和返回地球提供了便利，而且大大降低了航天活动的各项费用，因此它的研发成功是航天史上的重要里程碑。

航天飞机是一种可以垂直起飞并且水平降落的载人航天器，通常由轨道器、固体燃料助推火箭和外储箱三大部分组成。外部燃料箱是航天飞机三大组成部分中唯一不能重复利用的部分，燃料耗尽后就会坠入大洋中。火箭助推器中通常装有助推燃料，为航天飞机垂直起飞和飞出大气层进入轨道所需要的额外推力都由它们来提供。在发射后的几分钟内，火箭助推器与航天飞机的主发动机同时工作，达到一定高度后，助推器便与航天飞机分离，借助降落伞降落在大洋上，再回收重复使用。轨道器是整个系统的核心部分，整个系统中唯一可以载人而且真正在绕地轨道上飞行的部件就是轨道器。在航天飞机的整个系统中，它是最难设计、结构也最复杂的部分。

1981 年 4 月 12 日，第一架航天飞机美国的"哥伦比亚"号在卡纳维拉尔角肯尼迪航天中心发射成功，揭开了人类航天史上的新篇章。这架航天飞机的总长约 56 米，轨道器长约 37.2 米。每次飞行可以搭乘 8 名宇航员，飞行时间通常是 7 ~ 30 天，轨道器可以重复使用 100 次。

91. 航天员在太空中怎么安排作息

一个航天员曾经这样描述他在太空中的生活：早晨被计算机控制的时钟唤醒。拉开窗帘看到的是灿烂的阳光和美丽的天色。可没过多久，太阳无影无踪了，天色暗下来了，黑夜来临，仿佛又到了该睡觉的时间。忽而早晨忽而夜晚，变换迅速，简直有趣极了。那么你了解宇航员到底是怎么样在太空生活的吗？

地球上的人们一直以来的生活习惯是"日出而作，日落而息"，我们的深度睡眠时间一般都是在夜晚。飞船在太空飞行中的昼夜周期和我们在地球上的昼夜周期是不尽相同的。地球上的一天由24小时组成，通常只有一次日落，一次日出。而宇航员在太空中则可以经历数次日落和日出，并且它们的周期长短不一，这种情况与飞船绕着地球飞行时的轨道高低有关。轨道较高，昼夜周期相应就长；轨道较低，昼夜周期相应就短。飞船在太空飞行期间的昼夜周期，白天和黑夜时间长短是不一致的，通常白天时间较长，黑夜时间较短，如90分钟一个昼夜周期，最长的黑夜仅仅只有37分钟。

宇航员在太空中睡觉时的正确姿势是向右侧卧，身体呈弓状，微微弯曲双腿，这样睡既科学又会很舒服，比完全伸直身体平躺要更适宜太空失重的环境。宇航员们一般还是比较喜欢将睡袋紧贴着航天器的舱壁睡觉，这样就像睡在床上一样舒服。

宇航员生活在太空当中，同样离不开体育锻炼。这样既可以增强体质，还可以加强航天员对失重和其他各种航天环境的适应能力，减少航天飞行中不良环境对航天员的不利影响。

92. 植物到太空中怎么样生长

浩瀚无际的太空有着4项独特而优良的天然条件：绝对无空气、绝对无污染、零下270℃的低温和不受地球引力的干扰。从1957年成功发射第一颗人造卫星开始，人类就已经开始探索在太空中依托各种航天器来种植植物了。直到1982年，苏联才首次在"礼炮七号"空间站上实现了十字花科植物拟南芥从播种到生根发芽，再到收获能够正常发育种子的过程。

在地球上，来自地核的重力会控制着植物的生长。光照、水和二氧化碳的浓度，都是影响地球上植物生长的重要条件。那么在太空中，挣脱了重力束缚的植物们将会生长成什么样？它们光照和水源来自哪里？怎样调控太空中植物生长空间的二氧化碳的比例？

科学家们曾经以苔藓类植物为实验对象，通过一系列的太空实验，对该类植物在失重条件下的生长情况进行了研究。结果却出乎意料，这些苔藓类植物没有按照研究者们预想的那样杂乱无序地生长，而是很有规律地生长成螺旋形状。而且在两次这样的太空实验中，参与实验的角龄藓都有规律地长成了螺旋形状。

2006年，中国通过育种卫星"实践八号"传回的图片，直播了在太空中的青菜开花的过程，在失重的状态下，青菜的开花时间变长，而且开花的方向变得杂乱无章。

在太空失重的状态下，和在太空辐射的影响下，植物的生长发育、代谢繁衍与在地球重力的影响下有什么样的区别，为什么会有这样的区别，目前仍是科学界正在研究的课题。

火星是目前已知的太阳系的所有天体中表面环境与地球最为接近的，因而有很多人认为火星上可能有生命的存在。从1609年伽利略第一个用望远镜开始探测火星，到2012年"好奇号"火星车登陆火星，人类探索火星的脚步一直不断向前。

19世纪80年代，火星上有生命存在的猜测已经深入人心。随着科技的进步和航天技术的发展，苏联和美国相继开始发射火星探测器。1962年，苏联率先向火星发射了人类第一个火星探测器——"火星"1号。1964年，NASA的第一个火星探测器"水手"4号发射成功。接下来的数年，NASA相继发射了"水手"号的系列火星探测器，完成了关于火星探索的很多重要工作。诸如火星大气和表面的化学成分、火星的重力、火星的地貌的探索工作。

1975年，美国又相继发射了"海盗"1号和2号火星探测器，拍下了火星的平原、火山和大峡谷等图片，采集到了火星的土壤，并且发现了火星上有水存在过的证据。

从后来的"火星探路者"号、"火星全球勘探者"号、"2001火星奥德赛"号，到2003年欧空局的"火星快车"号，再到NASA的"勇气"号和"机遇"号火星车，"凤凰"号火星探测器，以及迄今为止NASA最先进最大的火星车"好奇"号……人类对于火星的研究，已经更深入、更宽广了！

94. 你了解人类历史上这些航天纪录吗

在人类探索宇宙的漫长历史当中，很多先驱者们创造了人类航天史上历史性的纪录。

1970 年 6 月 1 日，苏联发射了"联盟 9 号"宇宙飞船，这艘飞船在太空中的飞行时间长达 17 天 16 小时 58 分 55 秒，成为在太空飞行时间最长的飞船。

1970 年 4 月 15 日，美国的登月飞船"阿波罗" 13 号的机组抵达月球的远边，距离月球的表面 254 千米，距离地球的表面 400171 千米，创下了宇航员太空飞行最远的纪录。

1967 年 4 月 24 日，苏联航天员科马罗夫因为降落伞失灵，飞船坠毁而不幸成为世界上第一位在执行太空飞行任务时献身的宇航员。科马罗夫后来被授予"苏联英雄"和"列宁勋章"。为了表示对他的纪念，一颗于 1971 年被发现的小行星被命名为"1836 科马罗夫"。

1984 年 7 月 25 日，苏联女宇航员萨维茨卡娅走出"礼炮 7 号"空间站的舱门，在太空行走了 3 个多小时，成为世界上第一位进行太空行走的女性宇航员。萨维茨卡娅同时也是苏联第二位女性宇航员。

NASA 于 1977 年 9 月 5 日发射的"旅行者" 1 号是一艘无人外太阳系太空探测器，足迹曾经到达过木星和土星，并在航天史上第一次提供了关于木星和土星的高解析度清晰照片。它是目前飞离地球最远同时也是飞行速度最快的人造飞行器。2013 年 9 月，NASA 确认，"旅行者" 1 号已进入恒星际空间，但仍在太阳系的范围内，人们都期待着它能创造飞离太阳系的记录。

1970 年4月24日，中国第一颗自主设计制造的人造地球卫星"东方红一号"在酒泉卫星发射中心成功发射，由此开创了中国航天史上具有里程碑意义的新纪元，使中国成为继苏联、美国、法国和日本之后世界上第五个可以独立研制并且发射人造地球卫星的国家。

1999 年 11 月 20 日，同样是在酒泉卫星发射中心，"神舟号"宇宙飞船利用"长征二号"火箭顺利发射升空，是中国第一艘试验性质的无人宇宙飞船。它绕着地球飞行了 14 圈，经过大约 21 个小时后，于第二天凌晨，预定降落区域成功实现着陆，圆满完成了飞行试验的任务，为中国的航天事业揭开了新的篇章。

2003 年 10 月 15 日，中国宇航员杨利伟搭乘着"神舟五号"载人飞船顺利进入太空。"神舟五号"是中国首次发射的载人航天飞行器，它的成功发射实现了中华民族数千年来的飞天梦想，也使得中国成为继俄罗斯和美国之后世界上第三个有能力独自将宇航员送入太空的国家，杨利伟也成为中国航天史上第一位进入太空的宇航员。

此后，"神舟六号"、"神舟七号"、"神舟八号"、"神舟九号"、"神舟十号"相继发射成功。"神舟九号"还在 2012 年先后两次与 2011 年发射成功的中国首个空间实验室"天宫一号"进行交会对接，还将中国首位女性宇航员刘洋送入太空。中国的航天事业在朝着国际尖端的方向不断前进！

96.借助望远镜我们可以看到宇宙深处吗

望远镜是用来观察远距离物体的一种目视光学仪器，它们能将距离遥远处的物体按照一定的倍率进行放大，使那些无法用肉眼看清楚或者分辨出来的物体变得清晰可见。在天文观测和地面观测中望远镜是人们不可或缺的得力助手。在我们的日常生活中，说到望远镜其实指的就是光学望远镜，而在现代天文学领域，天文望远镜涵盖了射电望远镜、红外望远镜、X射线望远镜和伽马射线望远镜等品类。

天文望远镜是人们借以观测天体的重要工具，没有望远镜就没有现代天文学诞生和发展。自1609年，伽利略分别用凸透镜和凹透镜作为物镜和目镜来制造望远镜并第一次用于观测宇宙，从此天文学就步入了望远镜时代。随着科学技术的不断进步，现代大型望远镜口径逐步增大，集光能力也越来越强，观测到的宇宙空间也越来越远。

借助望远镜是否可以看到宇宙深处？望远镜集光能力的提高使得我们能看到更暗更远的天体。由NASA和ESA共同合作管理的哈勃空间望远镜是天文史上最重要的仪器，很大程度上弥补了地面观测的不足，帮助天文学家们解决了天文学领域的很多基本问题。为我们进一步了解宇宙提供了大量具有很高科学价值的太空光学影像。

古人就有观测星空的习惯。公元前2600年，为了更好地观测天狼星，古埃及建造了目前已知的世界上最早的天文台。那么，为什么要建造天文台来研究宇宙呢？

其实最初人们建造天文台的初衷就是为了观测星象，研究天文学能够有一个专门的机构和地方。古代天文台通常是由统治阶级所掌控的，这里不但是进行天文观测的场所，也是研究占星学的场所。现代的天文台通常可以分为3类：空间天文台、光学天文台和射电天文台。每个天文台都会配备一定的天文观测仪器，主要就是天文望远镜。

现在世界各国的天文台通常都设置在高山上，这是因为地球外层是大气层，星光通过大气层时，会受到烟雾、尘埃的影响，越高的地方空气越稀薄，烟雾尘埃相对越少，对天文观测的不利影响就越小。目前世界上公认的3个最好的天文台设置在夏威夷莫纳凯亚山、智利安第斯山和大西洋的加那利群岛上。

我们居住的房屋的屋顶通常被设计成平面或是斜坡形的，但天文台的屋顶一般都是圆顶。原来，圆顶房屋其实是天文观测室，这样的设计是为了观测更便利。而且天文台屋顶是可以转动的，观测时只需转动圆形屋顶，调整观测方向，就可以将望远镜指向观测目标了。

Mr.Know All 浩瀚宇宙

小书虫读科学

宇宙到底在哪里

《指尖上的探索》编委会 组织编写

作家出版社

策划出品 悦读名品　图片服务 悦读名品 123RF

　　宇宙是由空间、时间、物质和能量所构成的统一体，是一切空间和时间的总合。一般理解的宇宙指我们所存在的一个时空连续系统，包括其间所有的物质、能量和事件。这样看来，你知道宇宙在哪里吗？你了解宇宙中的天体系统和星球吗？

图书在版编目（CIP）数据

宇宙到底在哪里 /《指尖上的探索》编委会编. --
北京: 作家出版社，2015.11（2022.5重印）
　（小书虫读科学）
　ISBN 978-7-5063-8522-0

Ⅰ.①宇… Ⅱ.①指… Ⅲ.①宇宙—青少年读物
Ⅳ.①P159-49

中国版本图书馆CIP数据核字（2015）第279608号

宇宙到底在哪里

作　　者	《指尖上的探索》编委会
责任编辑	杨兵兵
装帧设计	高高 BOOKS
出版发行	作家出版社有限公司
社　　址	北京农展馆南里10号　　邮　　编　100125
电话传真	86-10-65067186（发行中心及邮购部）
	86-10-65004079（总编室）
E-mail:zuojia@zuojia.net.cn
http://www.zuojiachubanshe.com
印　　刷	北京盛通印刷股份有限公司
成品尺寸	163×210
字　　数	170千
印　　张	10.5
版　　次	2016年1月第1版
印　　次	2022年5月第2次印刷
ISBN 978-7-5063-8522-0
定　　价	33.00元

Mr.Know All

《指尖上的探索》编委会

Mr.Know All
小书虫读科学

001.下列哪个天体是恒星？

A.月亮

B.地球

C.太阳

002.下列哪个天体不是反射恒星光而发亮的？

A.行星

B.太阳

C.卫星

003.彗星为何会有长尾巴？

A.靠近恒星时，构成彗星的冰物质受热融化、蒸发或升华

B.自身会发光

C.反射恒星光

004.下列哪一项是错误的？

A.恒星是炽热的气体星球

B.温度和绝对星等是恒星重要的两个特征

C.恒星自身不会发光发热

005.已知的离地球最近的是下列哪颗恒星？

A.太阳

B.月亮

C.半人马座比邻星

006.恒星表面的温度一般用什么来表示？

A.绝对温度

B.有效温度

C.相对温度

007.在恒星表面的温度越低，它的光越偏向下列哪种颜色呢？

A.红

B.蓝

C.黑

008.在恒星的组成中所占比例最多的是什么？

A.氢

B.氦

C.重元素

009.恒星内部的温度达到一定程度，氢就会发生什么反应稳定地转换为氦？

A.核裂变反应

B.核聚变反应

010.恒星的组成中，氦所占的比例大约是多少？

A.2%

B.28%

C.70%

011.我们在地球上可以看到的太阳
光实际上是什么？

A.红外线

B.紫外线

C.以可见光为主的电磁辐射

012.恒星的演化一般是从什么开始
的？

A.主序星

B.红巨星

C.白矮星

013.主序星时期恒星的主要成分是
什么？

A.氦

B.氢

C.氧

014.恒星在燃烧尽核心区的氢之后
半径会怎么样变化？

A.变大

B.不变

C.减小

015.氦燃烧阶段恒星的光度会有怎
么样的变化？

A.上升

B.降低

C.先上升，后降低

016.不同的大气层对光线散射的程
度一样吗？

A.一样

B.不一样

017.光线进入大气层时，其方向改
变的幅度受什么影响最大？

A.大气层的温度变化

B.大气层的厚度

C.大气层的面积

018.暖空气造成光线较少散射的原
因是什么？

A.温度较高

B.空气密度小

C.空气中各分子间距远

019.太阳和月亮看来很稳定的原因
是什么？

A.距地球近

B.光线很多都抵达地球

C.都能发光，且发光强度大

020.下列哪一项不是影响天上的星
星看起来或明或暗的因素？

A.星星发光能力的大小

B.距离地球的远近

C.体积的大小

021.1 光年的距离是多少？

A.94600 亿米

B.94600 亿千米

C.94600 千米

022.目前已知的距离地球最近的恒星是什么？

A.月亮

B.太阳

C.比邻星

023.光年是表示宇宙中天体的什么单位？

A.质量

B.体积

C.距离

024.下列哪一项不是目前通用的天体距离单位？

A.千米

B.光年

C.秒差距

025.下列哪种方法不适用于相聚超过 500 光年的恒星的距离测量？

A.三角视差法

B.分光视差法

C.谱线红移测距法

026.距离超过 150 秒差距的恒星通常采用哪种方法测量？

A.三角视差法

B.分光视差法

C.谱线红移测距法

027.下列哪一项不是测量天体距离的方法？

A.雷达法

B.开普勒定律法

C.目测法

028.行星通常是环绕下列哪种天体运动的？

A.地球

B.恒星

C.月球

029.行星公转方向是怎样的？

A.公转方向与所绕恒星的自转方向相同

B.公转方向与所绕恒星的自转方向相反

C.公转方向与所绕恒星的自转方向无关

030.太阳系内肉眼可见的行星不包括下列哪个？

A.金星

B.水星

C.海王星

031.下列哪一项是离太阳最近的行星？

A.水星

B.海星

C.海王星

032.行星环绕恒星的运动称为什么？

A.自转

B.公转

C.旋转

033.下列哪一项不是行星公转的轨道特点？

A.共面性

B.近圆性

C.反向性

034.行星运动定律也称什么？

A.开普勒三定律

B.万有引力定律

C.能量守恒定律

035.地球上的春夏秋冬四季是怎样形成的？

A.地球自转

B.地球旋转

C.地球公转

036.卫星通常围绕哪类天体运动？

A.恒星

B.行星

C.星系

037.下列哪一项不是行星的天然卫星？

A.月亮

B.土卫一

C.冥王星

038.下列哪一项是中国第一颗人造地球卫星？

A."东方红"1号

B."普罗斯帕罗"

C."长征一号"

039.下列哪一项不是月球的作用？

A.控制潮汐

B.影响地球自转

C.转播、广播

040.彗星远离太阳时体积会怎样变化？

A.变小
B.变大
C.不变

041.下列哪一项是有误的？

A.彗星由彗头和彗尾组成
B.彗星的体积是固定的，质量很小
C.彗头包括彗核、彗发和彗云

042.彗星接近太阳时彗尾会怎样变化？

A.由大变小
B.不变
C.由小变大

043.战争、瘟疫等灾难是彗星导致的吗？

A.全是
B.它们之间没有关系
C.有的是

044.流星体本来是围绕下列哪个天体运动的？

A.太阳
B.月亮
C.地球

045.流星体为什么会改变方向？

A.受到地球斥力的作用
B.受到地球引力的作用
C.自由运动所致

046.流星是怎么样产生光的？

A.流星体反射光
B.自身会发光
C.流星体与大气摩擦燃烧产生光

047.流星和流星体是同一个概念吗？

A.是的
B.不是

048.陨石是没有充分燃烧的什么？

A.流星体
B.恒星
C.行星

049.流星与陨石是完全等同的吗？

A.是的
B.不是

050.下列哪一项不是依照主要化学成分划分的陨石种类？

A.石陨石

B.钢陨石

C.铁陨石

051.流星体完全燃烧会形成什么？

A.流星雨

B.陨石

C.小行星带

052.星云明暗不同的原因是什么？

A.气体和尘埃的含量不同

B.反射恒星光的角度不同

C.反射恒星光的能力不同

053.星云主要由什么构成？

A.气体和尘埃

B.固体和水

C.水滴和冰

054.下列哪一项是个错误的？

A.星云是一种天体

B.星云按明亮程度可分为亮星云和暗星云

C.星云的体积通常都很小

055.星云和恒星能否相互转化？

A.不能转化

B.在一定条件下可以转化

C.任何条件下都可转化

056.关于星流，下列哪一项是错误的？

A.星流是了解星系构建历史的一种依据

B.星流就是星星的流动

C.星流是流星的"尾巴"部分

057.下列哪一项与星流的形成无关？

A.流星雨

B.球状星团

C.矮星系

058.目前银河系中被发现的星流已有多少个？

A.10 多个

B.2 个

C.6 个

059.星流为科学家研究星系中的暗物质分布提供了有效途径，这一说法正确吗？

A.不正确

B.正确

060. 星际物质是下列哪类天体之间的物质？

A. 恒星之间

B. 行星之间

C. 卫星之间

061. 银河系中星际物质的总质量约占银河系总质量的多少？

A. 1%

B. 10%

C. 20%

062. 星际消光与波长有什么关系？

A. 随波长的增长而增长

B. 随波长的增长而减弱

C. 没有关系

063. 下列哪一项是错误的？

A. 行星际空间并非真空的

B. 宇宙射线不属于行星际物质

C. 行星际空间的气体和尘埃主要来自太阳风

064. 多个星系之间通过一定的联系聚集在一起构成了什么？

A. 星系空间

B. 星系团

C. 星云

065. 星系群一般拥有多少星系？

A. 数十个

B. 数百个

C. 数千个

066. 规则星系团主要以什么为代表？

A. 椭圆状星系团

B. 方形星系团

C. 球状星系团

067. 关于星系际物质中的气体，下列哪一项是错误的？

A. 其成分无法识别

B. 主要是中性气体

C. 也有可能是电离气体

068. 星系际物质是否具有消光效应？

A. 有

B. 没有

069.关于星系际物质，下列哪一项是错误的？

A.星系际物质指存在于星系与星系间的气体与尘埃

B.星系际物质的存在位置是一成不变的

C.星系团内部的星系际物质在星系团内很渺小

070.星际物质、行星际物质、星系际物质的主要区别是什么？

A.含量

B.成分

C.位置

071.在目前的科技水平下暗物质可以通过什么方法发现？

A.电磁波观测

B.望远镜观测

C.引力效应

072.关于暗物质下列哪一项是错误的？

A.暗物质自身可以发射电磁辐射

B.目前科学界对暗物质的成分还未能全面了解

C.科研工作者们已经发现宇宙中存在大量暗物质

073.人们将可能的暗物质分为几类？

A.二类

B.三类

C.四类

074.下列哪一项不是目前已知的暗物质存在的证据？

A.螺旋星系

B.星系团

C.太阳辐射

075.下列哪一项是人类所知宇宙中唯一存在生命的天体？

A.地球

B.月球

C.火星

076.地球大气中含量最多的气体是什么？

A.氧气

B.二氧化碳

C.氮气

077.我们常说的温室气体主要指下列哪种？

A.氧气

B.二氧化碳

C.氮气

038.地球大陆板块可分为几个？

A.六个

B.四个

C.三个

039.地球上最古老、最原始的生命是什么？

A.真核细胞生物

B.单细胞生物

C.细菌

080.在古生代，植物从藻类进化为更高级的什么类植物？

A.蕨类

B.裸子植物

C.被子植物

081.哺乳类动物出现在下列哪个地质时代？

A.古生代

B.新生代

C.中生代

082.恐龙灭绝于下列哪个时期？

A.中生代末期

B.古生代中期

C.新生代末期

083.南北半球哪个半球的陆地面积大？

A.北半球

B.南半球

084.地球的表面积约为多少平方千米？

A.2.1亿

B.3.5亿

C.5.1亿

085.北半球的海洋面积约占北半球自身总面积的多少？

A.40%

B.60%

C.50%

086.下列哪一项是地球生命得以生存的保证？

A.太阳光

B.月光

C.星光

087.下列哪一项是错误的？

A.人类要在地球上生存离不开阳光、水和氧气

B.人类在地球上生存只要有食物就足够了

C.我们应该保护环境与自然和谐相处

088.下列哪一项不是水的作用？

A.维持人体的新陈代谢

B.维持人的体温恒定

C.提供人体所需的所有能量

089.人体中含量最多的物质是什么？

A.水

B.糖

C.蛋白质

090.地球公转的方向是怎样的？

A.自西向东

B.自东向西

C.无固定规律

091.地球自转速度最快的是哪个地方？

A.南极

B.北极

C.赤道

092.地球自转一周的时间是多长？

A.23 小时

B.23 小时 56 分

C.24 小时 56 分

093.关于地球公转，下列哪一项是错误的？

A.地球公转过程中，日地距离是恒定不变的

B.地球公转以太阳为中心

C.地球公转的轨道是椭圆形的

094.下列哪个星体有土星那样的光环？

A.地球

B.月球

C.天王星

095.下列哪一项不是行星的光环组成成分？

A.冷冻气体

B.彗星

C.尘埃

096.行星光环中体积较大的微粒对太阳光的散射接近下列哪种颜色？

A.红色

B.蓝色

C.紫色

097.科学家探究发现，土星的光环可以分为几层？

A.5 层

B.7 层

C.3 层

098.狭义的潮汐指下列哪种潮汐？

A.固体潮汐

B.海洋潮汐

C.大气潮汐

099.潮汐的发生与下列哪个天体无关？

A.地球

B.月球

C.太阳

100.潮汐可以分为几类？

A.一类

B.三类

C.两类

101.关于潮汐的说法，下列哪一项是错误的？

A.完整的潮汐学应该将地潮、海潮和气潮作为统一的整体进行研究

B.潮汐的发生主要与月球对地球的引力有关

C.地球各部分受月球引力的大小和方向都是一样的

102.太阳系内密度最大的卫星是哪个？

A.月球

B.埃欧（木卫一）

C.土卫一

103.固态铁主要存在于月球的哪里？

A.核心的内部

B.核心的外部

C.核心的周围

104.液态铁主要存在于月球的哪里？

A.核心的内部

B.核心的外部

C.核心的周围

105.月海是由什么组成的?

A.海水

B.淡水

C.玄武岩

106.下列哪种光是月亮发出的?

A.橙色光

B.红外线

C.绿色光

107.低温物体发射下列哪种光线?

A.红外线

B.可见光

C.紫外线

108.我们能看到的月光实际上是什么光?

A.月亮自身的光

B.月亮反射的太阳光

C.月亮和地球间的光带的光

109.月食现象时，地球、月球、太阳的位置是怎么样的?

A.只有地球、月球在一条直线上

B.只有月球、太阳在一条直线上

C.太阳、地球、月球在同一条直线上

110.生活中人们看到的是月球的哪一面?

A.月球正面

B.月球背面

C.两面都可以看见

111.月球绕地球的公转周期是多少?

A.20 个地球日

B.27.3 个地球日

C.30 个地球日

112.月球的自转周期是多少?

A.20 个地球日

B.27.3 个地球日

C.30 个地球日

113.月球是地球目前已知的唯一的天然卫星吗?

A.是

B.不是

114.最先登上月球的是下列哪个国家的人?

A.美国

B.苏联

C.英国

115.月球围绕地球周期性公转的原因是什么？

A.地球的引力作用于太阳

B.太阳的引力作用于月球

C.地球的引力作用于月球

116.月球离开地球向太阳靠近的原因是什么？

A.地球对月球的引力作用

B.月球对太阳的引力作用

C.太阳对月球的引力作用

117.当月球离太阳越来越近，远离地球的速度怎么样变化？

A.逐渐变大

B.不变

C.逐渐变小

118.我们能看到月亮的原因是什么？

A.月亮自己发光

B.地球反射太阳光

C.月亮反射太阳光

119.出现新月时，月亮的位置在哪里？

A.月亮转到地球和太阳中间，且三者在同一条线上

B.地球在月亮和太阳中间

C.太阳在月亮和地球中间

120.新月后的月亮叫什么？

A.上弦月

B.望月

C.下弦月

121.望月时，月亮在什么方位？

A.月亮完全和太阳相对

B.月亮完全和太阳相背

C.月亮正面全部背向地球

122.太阳系的中心是什么？

A.太阳

B.地球

C.月球

123.下列哪一项是距离太阳最近的行星？

A.水星

B.木星

C.海王星

124.环绕着太阳运动的天体的轨道通常是什么形状的?

A.圆形

B.椭圆形

C.正方形

125.太阳系中的八大行星哪个自转方向和公转方向不同?

A.水星

B.海王星

C.金星

126.太阳系形成的理论主要有几个?

A.一个

B.两个

C.三个

127.星云假说提出于哪个时代?

A.18 世纪

B.19 世纪

C.17 世纪

128.星云假说认为太阳系是怎么样形成的?

A.超新星爆发

B.宇宙大爆炸

C.分子云发生引力坍缩

129.下列哪一项不是太阳系中卫星的形成方式?

A.由气体与尘埃形成

B.恒星俘获

C.天体间的碰撞

130.太阳系的八大行星中体积最小的是哪个?

A.金星

B.水星

C.土星

131.太阳系的八大行星中只有一颗天然卫星的行星是哪个?

A.地球

B.金星

C.火星

132.太阳系的八大行星中唯一逆行的大行星是哪个?

A.海王星

B.天王星

C.金星

133.下列哪个行星有天然的卫星?

A.水星

B.金星

C.火星

134.太阳系的中心天体是什么？

A.地球

B.月球

C.太阳

135.我们看到的天空中最大最亮的天体是哪个？

A.太阳

B.月亮

C.星星

136.太阳内部进行的主要是什么反应？

A.核裂变

B.核聚变

C.爆炸反应

137.太阳属于下列哪种恒星？

A.主序星

B.白矮星

C.红巨星

138.太阳黑子的形态是怎样的？

A.固态

B.液态

C.气态

139.科学界规定，太阳黑子活动周期的开始年是哪个？

A.黑子活动最少的年份

B.黑子活动最多的年份

C.任何一个都可以

140.太阳黑子的平均活动周期大约是多少？

A.10 年

B.11.2 年

C.12 年

141.关于太阳黑子的说法，下列哪一项是错误的？

A.黑子出现在太阳上时会出现磁暴现象

B.黑子活动强烈时对地球上的气候变化有一定的影响

C.太阳黑子是太阳活动中最不明显的一种

142.太阳系中各大行星运动轨迹的焦点是什么？

A.太阳

B.地球

C.月球

143.太阳旋转质量场产生的作用力对行星有何影响？

A.使行星圆周运动的线速度不断增大

B.使行星圆周运动的线速度不断减小

C.没有任何影响

144.在太阳两种力的作用下，行星怎么样运动？

A.匀速圆周运动

B.非匀速圆周运动

C.匀速曲线运动

145.在向心力不变的情况下行星线速度增大时，其轨道半径怎样变化？

A.增大

B.减小

C.不变

146.太阳的主要成分中所占比例最大的是什么？

A.氢

B.氦

C.氧

147.据科学家推测，目前太阳处于下列哪个阶段？

A.黑矮星

B.主序星

C.红巨星

148.太阳如果成为红巨星时，核心中主要是什么原子？

A.氢原子

B.氦原子

C.氧原子

149.日食种类中比较罕见的是哪个？

A.日全食

B.日偏食

C.全环食

150.下列哪种情况下会发生日食现象？

A.月球运动到太阳和地球中间

B.地球运动到太阳和月球中间

C.太阳运动到月球和地球中间

151.我们为什么不能直接佩戴太阳眼镜观测日全食？

A.镜片有散光的作用

B.镜片有反射的作用

C.镜片有聚焦的作用

152.下列哪一项是水星地形的形成原因？

A.自然形成

B.风和水的侵蚀作用

C.陨石撞击

153.地球磁场可以帮助人类抵挡什么？

A.大气层污染

B.陨石撞击

C.抵御有害的太阳射线和其他宇宙射线

154.水星大气气体成分在发生着怎么样的变化？

A.不断增加

B.不断减少

C.不变

155.太阳系中温差最大的行星是哪个？

A.水星

B.地球

C.金星

156.水星上最大的地貌特征之一是什么？

A.卡路里盆地

B.塔里木盆地

C.柴达木盆地

157.关于水星的表面，下列哪一项是错误的？

A.水星表面受过陨石撞击

B.水星表面布满液态的水

C.水星上有冰存在的证据

158.太阳系的八大行星中离心率最大的是下列哪个？

A.水星

B.金星

C.地球

159.地球上最热的地方是哪里？

A.非洲埃塞俄比亚的达洛尔

B.吐鲁番

C.利比亚的阿齐济亚

160.太阳系八大行星中温差最大的是哪个？

A.金星

B.地球

C.水星

161.水星的昼夜温差大约有多少？

A.300℃

B.600℃

C.200℃

162.水星昼夜温差很大的原因是什么？

A.大气浓厚

B.距离太阳非常远

C.距离太阳非常近，且大气稀薄

163.在天文学上，星体的亮度用什么表示？

A.光强

B.发光强度

C.星等

164.下列星等中最亮的是哪种星？

A.6 等星

B.−2 等星

C.1 等星

165.下列哪一项是太阳系的行星中星体反照率最高的行星？

A.金星

B.木星

C.水星

166.从地球上看，月亮比金星亮的原因是什么？

A.月球离太阳比较近

B.月球距离地球很近

C.星体反照率高

167.被人们称作地球的姐妹星是下列哪个行星？

A.水星

B.木星

C.金星

168.金星什么时候比任何一颗行星更接近地球？

A.金星介于地球和月球之间时

B.金星介于地球和太阳之间时

C.金星介于月球和太阳之间时

169.太阳系的主要行星中自转最慢的是下列哪个行星？

A.金星

B.水星

C.火星

170.从太阳的北极上空看太阳系，金星是怎么样自转的？

A.逆时针

B.顺时针

C.不转动

171.下列哪一项是现代天文学家寻找的火星生命？

A.火星人

B.火星动植物

C.病毒和细菌低等生命

172.地球上大部分甲烷的来源是哪里？

A.甲烷菌

B.化石

C.植物

173.火星表面存在甲烷吗？

A.没有

B.有

174.火星上持续存在甲烷的原因是什么？

A.火星上有甲烷源

B.乙烷转化为甲烷

C.二氧化碳转化为甲烷

175.太阳系的八大行星中体积和质量最大的是下列哪颗？

A.金星

B.水星

C.木星

176.木星的形状是下列哪种？

A.正球状

B.椭球体

C.方形体

177.木星表面最大的特征是什么？

A.区域的不同而交互吹着西风及东风

B.表面有红、褐、白等五彩缤纷的条纹图案

C.南半球的大红斑

178.太阳系中最大的磁气圈是下列哪个？

A.木星的磁气圈

B.金星的磁气圈

C.地球的磁气圈

179.下列哪一项与木星卫星的发现有关？

A.望远镜

B.航天飞机

C.气象站

180.木星的卫星是谁首先发现的？

A.亚里士多德

B.哥白尼

C.伽利略

181.下列哪一项是目前已知的太阳系中的第九大天体?

A.月球

B.木卫三

C.木卫一

182.木卫一表面覆盖着下列哪种温度很低就会蒸发的物质?

A.硝酸盐

B.碳酸盐

C.钠盐

183.土星大气的组成成分中主要以什么为主?

A.甲烷

B.氢气

C.氦气

184.土星上有季节吗?

A.有四季

B.没有

C.季节不明显

185.目前已知的太阳系中哪颗行星的卫星最多?

A.木星

B.天王星

C.土星

186.下列哪一项是太阳系中第二大卫星?

A.木卫一

B.木卫三

C.土卫六

187.土星环包含有几个同心圆环?

A.5 个

B.6 个

C.7 个

188.在土星光环之间最大的裂缝位于哪里?

A.A 环和 B 环之间

B.B 环和 C 环之间

C.A 环和 F 环之间

189.土星环中哪个环是所有环中最大的?

A.A 环

B.B 环

C.D 环

190.土星环中外层最大与最亮的环是哪个?

A.A 环

B.B 环

C.D 环

191.天王星的名称取自哪个神话？

A.希腊神话

B.中国神话

C.罗马神话

192.已知的在天王星记录到的最低温度是多少？

A.-173℃

B.-100℃

C.-224℃

193.被称为"冷行星"的是哪个星球？

A.海王星

B.天王星

C.木星

194.太阳系中唯一缺乏内部热能的行星是下列哪个？

A.木星

B.土星

C.天王星

195.天王星有怎样的怪异天气？

A.大红斑极端气候

B.活跃的大气模式

C.极光现象

196.下列哪一项不是天王星大气的主要成分？

A.氢气

B.甲烷

C.氧气

197.下列哪一项是太阳系的行星中拥有的几乎最冷的大气层？

A.海王星大气层

B.木星的大气层

C.天王星大气层

198.有科学家认为，天王星特殊大气环流的主要驱动因素可能是什么？

A.对流风

B.太阳能

C.天体间的相互作用

199.地球是蓝色的原因是什么？

A.地球被水汽所包围

B.地球上七分是海洋，三分是陆地

C.地球被云层所包围

200.行星与卫星能被看到的原因是什么？

A.它们的光辉完全靠反射太阳光而来

B.它们的光辉完全靠折射太阳光而来

C.它们可以自行发光

201.太阳系的行星的颜色不同与什么无关？

　　A.行星的大气构成

　　B.行星的河流

　　C.行星的表面性质

202.海王星显示蓝色的原因是什么？

　　A.由海王星的大气成分决定

　　B.海王星上的海水面积大

　　C.海王星自身可以发射出蓝光

203.太阳系八大行星中离太阳距离最远的是下列哪个？

　　A.海王星

　　B.天王星

　　C.海星

204.海王星的环呈现什么颜色？

　　A.淡淡的红色

　　B.淡淡的紫色

　　C.淡淡的蓝色

205.可能连接到海王星大气的是哪个海王星环？

　　A.亚当斯环

　　B.弥散环

　　C.内环

206.海王星的光环共有几个？

　　A.2 个

　　B.3 个

　　C.4 个

207.冥王星是哪一年被排除在太阳系的大行星行列的？

　　A.2000 年

　　B.2006 年

　　C.2009 年

208.迄今为止，有人类的飞行器探索过冥王星吗？

　　A.还没有

　　B.有很多

　　C.有个别

209.太阳系中两个半球的亮度反差最大的天体是下列哪个？

　　A.冥王星

　　B.土卫八

　　C.木卫一

210.冥王星的赤道面与轨道面大约成什么角？

　　A.锐角

　　B.直角

　　C.钝角

211.小行星带在哪里？

A.火星与木星的轨道之间

B.火星与土星的轨道之间

C.木星与土星的轨道之间

212.小行星高度集中在小行星带中的主要原因是什么？

A.太阳的引力

B.木星的引力

C.火星的引力

213.小行星带主要包含几种类型的小行星？

A.一种

B.两种

C.三种

214.下列哪一项不是目前关于小行星带的形成原因？

A.火星和木星之间未能形成大行星的物质所形成的

B.可能是某个大行星爆炸后形成

C.土星外围未能形成大行星的物质所形成

215.银河系是一个什么形状的星系？

A.旋涡状星系

B.不规则星系

C.椭圆形星系

216.银河系现在有几条螺旋手臂？

A.1 条

B.2 条

C.4 条

217.在银河系的结构中，下列哪个物质密度大？

A.银晕

B.银盘

C.银核

218.怎么样测定银河系的年龄？

A.核纪年法

B.直接测量法

C.目前还无法测定

219.天空中的银河在夏季呈什么方向？

A.东西走向

B.南北走向

C.无固定方向

220.天空中的银河在冬季呈什么方向?

A.接近于东西走向

B.南北走向

C.无固定方向

221.关于银河的说法,下列哪一项是错误的?

A.银河在中国古代被称为天河

B.银河是肉眼可以看得到的

C.太阳是银河系中唯一的一颗恒星

222.我们看到的银河是什么?

A.银河系

B.虚拟的银河系

C.银河系的主平面在天球上的投影

223.太阳位于下列哪个银河系的结构当中?

A.银盘

B.银心

C.银晕

224.在银河系的结构中,银盘各部分的厚度怎么样变化?

A.自中心向边缘逐渐变厚

B.自中心向边缘逐渐变薄

C.基本一样

225.下列哪个银河系的结构是年轻恒星集中的地方?

A.银盘

B.银心

C.银晕

226.在银河系的结构中,银晕里的恒星密度如何?

A.较大

B.较小

C.无变化

227.银河系作为一个整体自身在进行着运动吗?

A.有在进行一定的自转运动

B.没有运动,是静止的

228.天体自转的角速度不同时,线速度是否与转动半径成正比?

A.是

B.无固定关系

C.完全恒定

229.科学工作者们是怎么样研究银河系本身的运动的?

A.通过望远镜直接观测

B.通过观测一些河外星系相对于银河系的运动

C.不能观测

230.天文学家观测出银河系正在向哪个星座的方向运动？

A.猎户座

B.仙女星座

C.麒麟座

231.人们发现河外星系大约是在什么时候？

A.二十一世纪

B.十九世纪

C.十七世纪

232."造父变星"是由谁发现的？

A.伽利略

B.哈勃

C.开普勒

233.下列哪一项不属于河外星系的组成部分？

A.星云

B.星际物质

C.太阳

234.仙女星系是河外星系吗？

A.不是

B.是的

235.星系一词来自下列哪种语言？

A.汉语

B.英语

C.希腊语

236.星系根据形状大概可分为几类？

A.2 类

B.3 类

C.4 类

237.下列哪一项不是科学家们对于星系形成原因的说法？

A.宇宙大爆炸

B.球状星团碰撞的微尘组合

C.稳态理论

238.目前已知的银河系的恒星大概有多少颗？

A.2000 多亿颗

B.200 多亿颗

C.20 多亿颗

239.新的星系中心存在什么东西？

A.超大质量星核

B.超大质量黑洞

C.超大质量恒星

240.类星体喷出大量气体后怎么样变化？

A.吸收热量

B.放出热量

C.不吸热也不放热

241.一个星系的最终规模取决于什么？

A.中心超大质量恒星的大小

B.中心超大质量星核的大小

C.中心超大质量黑洞的大小

242.年轻星系的雏形是什么？

A.类星体

B.黑洞

C.恒星

243.椭圆星系的分类依据是什么？

A.椭圆星系长半径大小

B.椭圆星系的椭率

C.椭圆星系短半径大小

244.星系通常都有中心天体吗？

A.没有

B.有

245.椭圆星系被分为几类？

A.2 类

B.6 类

C.8 类

246.I 型和 II 型不规则星系的起源是否相同？

A.二者形状相似，起源相同

B.完全相同

C.可能不同

247.椭圆星系的亮度是怎么样变化的？

A.亮度从中心区域向边缘递减

B.亮度从中心区域向边缘递增

C.亮度一样

248.通常情况下椭圆星系看起来是下列哪种颜色？

A.蓝色

B.黄色或红色

C.紫色

249.椭圆星系中的恒星运动是下列哪种类型的？

A.规则的运动

B.不规则运动

C.静止不动的

250. 较大的椭圆星系以哪类恒星为主？

A.老年恒星

B.成熟恒星

C.新生恒星

251. 螺旋星系是怎样形成的？

A.两个星系碰撞形成的

B.星星自己旋转形成的

C.有一个磁场圈把它们捆起来了

252. 螺旋臂是由什么组成的？

A.恒星

B.行星

C.卫星

253. 螺旋星系中存在恒星吗？

A.存在大量恒星

B.不存在

C.存在个别恒星

254. 螺旋星系的中心核球会散发出什么颜色的光芒？

A.蓝色的

B.绿色的

C.红色的

255. 在宇宙中，不规则星系占整个宇宙星系的多少？

A.三分之一

B.四分之一

C.五分之一

256. 不规则星系分为几种类型？

A.三种

B.两种

C.五种

257. 下列哪个类型的不规则星系有明显的尘埃带？

A.Ⅱ型不规则星系

B.Ⅰ型不规则星系

C.都有

258. 中间有些形似短棒状、大部分是矮星系的是哪种不规则星系？

A.Ⅰ型不规则星系

B.Ⅱ型不规则星系

259. 在中国古代，"宇"代表什么？

A.左右

B.前后

C.所有的空间

260.在中国古代，"宙"代表什么？

A.所有的空间

B.所有的时间

C.所有的物质

261.关于广义的宇宙的定义，下列哪一项是错误的？

A.是一个由空间、时间、物质、能量构成的统一体

B.是一切空间和时间的综合

C.是一个子虚乌有的概念

262.关于宇宙的说法，下列哪一项是错误的？

A.狭义的宇宙仅指银河系中所有的天体系统

B.宇宙一般指地球大气以外的空间，即外层空间

C.宇宙有着自身的诞生和成长过程

263.谁最早证实了地球是圆球形的？

A.伽利略

B.毕达哥拉斯

C.麦哲伦

264.谁提出了"地球中心说"的宇宙模式？

A.托勒密

B.牛顿

C.哥白尼

265.谁建立了"太阳中心说"的宇宙模式？

A.哥白尼

B.托勒密

C.牛顿

266.谁提出了奠定宇宙学基础的万有引力定律？

A.哥白尼

B.托勒密

C.牛顿

267.下列哪本著作中描述了关于中国古人对宇宙的朴素认识的浑天说？

A.《浑天仪图注》

B.《老子》

C.《孟子》

268.古印度人是怎么样认识宇宙的？

A.认为大地是漂浮在水上的

B.认为大地下有支柱支撑着

C.认为大地是驮在大象背上的

269.中国古人观测宇宙的手段主要是什么？

A.目视观测

B.天文望远镜观测

C.射电天线阵观测

270.下列哪一项不是现代人认识宇宙的主要凭借？

A.现代天文台

B.太空探测器

C.观天遗址

271.稳态理论认为宇宙是怎样的状态？

A.膨胀的

B.不变的

C.收缩的

272.稳态理论认为物质的产生速度使宇宙的密度有何变化？

A.变大

B.变小

C.不变

273.宇宙大爆炸理论是下列哪位科学家最先提出的？

A.伽莫夫

B.勒梅特

C.牛顿

274.宇宙大爆炸理论正式提出是在哪一年？

A.1932 年

B.1924 年

C.1946 年

275."日心说"认为宇宙中心是什么？

A.地球

B.月球

C.太阳

276.通过天文望远镜观测到的太阳系的直径约为多少？

A.100 亿千米

B.120 亿千米

C.1000 亿千米

277.目前人类已经发现了宇宙的边缘了吗？

A.发现了

B.没有发现

C.正在确认

278.宇航员可以稳稳地站在进入太空的飞船上吗？

A.完全可以

B.难以实现

C.有的可以

279.宇宙中有重力存在吗？

A.没有

B.有

C.有时有，有时没有

280.当宇航员距离地球越远，他所受的来自地球的引力会怎样？

A.越弱

B.越强

C.一样

281.月球与地球之间有引力吗？

A.一直都有

B.一直都没有

C.有时候没有

282.下列哪个宇宙模型可用来测量宇宙年龄？

A.大爆炸宇宙模型

B.牛顿宇宙模型

C.稳恒态模型

283.科学家将哈勃望远镜所观测到的从宇宙发射出的光线的年龄定义为什么？

A.大爆炸宇宙

B.哈勃年龄

C.稳恒态模型

284.下列关于宇宙年龄的说法有误的一项是？

A.根据大爆炸宇宙模型推算出的宇宙年龄约为 200 亿年

B.现在已知的宇宙的精确年龄是 125 亿年

C.测量和宇宙差不多同龄的古老恒星的年龄也是测算宇宙年龄的方法之一

285.根据欧洲航天局公布的"普朗克"太空探测器的数据科学家所探索的宇宙年龄是多少？

A.125 亿年

B.138.2 亿年

C.140 亿年

286.根据哈勃 1929 年天文观测的结论，整个宇宙在怎么样变化？

A.不断膨胀

B.不断缩小

C.不变

287.哈勃认为星系间的分离运动是什么的一部分？

A.星系相互的引力

B.星系内部的斥力

C.宇宙不断膨胀

288.天体运动的公转和自转是怎么样产生的？

A.本原动力以及引力场的作用

B.天体间的引力的作用

C.天体间的斥力的作用

289.太阳系的公转运动是围绕什么转动？

A.宇宙中心

B.银河中心

C.太阳

290.宇宙的膨胀是怎么样变化的？

A.不规则的

B.均匀的

C.难以预知的

291.如果宇宙的密度大于某个临界值，宇宙最终会怎么样变化？

A.膨胀

B.不变

C.收缩

292.如果宇宙的密度小于该临界值，引力的吸引对于减缓膨胀有无作用？

A.有巨大作用

B.没有作用

C.有一定作用

293.如果宇宙的密度小于该临界值，宇宙最终会怎么样变化？

A.膨胀

B.不变

C.收缩

294.声音在以下哪个当中不能传播？

A.固体

B.气体

C.真空

295.下列哪种方式不能在太空中传递信息？

A.无线电通话

B.直接说话

C.手语

296.下列哪一项是正确的？

A.宇航员在太空中面对面讲话彼此听得到

B.在太空中无法发射电磁波

C.宇航员在太空中无线电通话时可以把声音转换成电信号加载到电磁波中

297.宇航员太空通话时，一方通过无线电发射的电磁波遇到金属导体时怎么变化？

A.被反射回发射处

B.在导体里产生感应电流

C.无法穿过导体进行传播

298.下列哪一项不是中国古代的宇宙观？

A.盖天说

B.浑天说

C.地心说

299."浑天说"主张大地是什么形状的？

A.方形的

B.球形的

C.拱形的

300.西方人最初认为大地是何种形状的？

A.平的

B.球形的

C.拱形的

301."日心说"的继承者是谁？

A.哥白尼

B.托勒密

C.伽利略

302.早期的"盖天说"是怎样的？

A.天圆地方说

B.天和地的形状犹如两个平行的圆的平面

C.天是球状的，地也是球状

303."盖天说"怎么样解释日月星辰的出没？

A.被其他天体阻挡

B.距离变化所致

C.亮度周期性变化

304."浑天说"最初是怎么样认识地球的？

A.地球在空中

B.地球在天穹的中央

C.地球漂浮在水上

305."浑天说"提出后是否立即取
代了盖天说？

A.是

B.不是

306.下列哪一位不是"地心说"的
支持者？

A.欧多克斯

B.亚里士多德

C.哥白尼

307."地心说"认为宇宙中心是什
么？

A.地球

B.月球

C.太阳

308.世界上第一个天体运动模型是
什么？

A.浑天说

B.地心说

C.日心说

309."日心说"认为宇宙的中心是
什么？

A.地球

B.月球

C.太阳

310.目前的研究理论认为宇宙大爆
炸大约发生在多少年前？

A.50 亿年前

B.100 亿年前

C.150 亿年前

311.下列哪一项不是宇宙膨胀的原
因？

A.自然膨胀

B.高温

C.物质不稳定

312.宇宙爆炸后温度怎么样变化？

A.温度升高

B.温度下降

C.温度先升高后下降

313.目前已知的地球唯一的一个天
然卫星是什么？

A.水星

B.金星

C.月球

314.人造卫星的概念始于下列哪一
年？

A.1860 年

B.1870 年

C.1880 年

315.第一颗人造卫星是哪个国家发射的？

A.苏联

B.美国

C.英国

316.人造地球卫星的运行轨道一般是什么形状的？

A.圆形的

B.椭圆形的

C.扇形的

317.人类至今唯一亲身到过的地球之外的天体是哪个？

A.月球

B.金星

C.火星

318.首个登陆月球的无人探测器是哪个国家的？

A.美国

B.苏联

C.中国

319.下列哪个国家的宇航员第一个登陆月球？

A.美国

B.苏联

C.中国

320.月球上的第一个人类的脚印是谁留下的？

A.阿姆斯特朗

B.柯林斯

C.奥尔德林

321.下列哪一项不是空间站的类型？

A.单一式

B.组合式

C.复合式

322.下列哪一项不属于空间站的特点？

A.在轨道飞行时间较长

B.体积比较小

C.能开展多项太空科研项目

323.空间站内的能量来源通常是什么？

A.核聚变反应

B.煤炭燃烧

C.太阳能

324.目前世界上已发射了几个空间站？

A.8个

B.10个

C.7个

325.下列哪一项是第一座空间站？

A.天宫一号

B.礼炮一号

C.和平一号

326.迄今为止在太空生活时间最长的人是下列哪国人？

A.俄罗斯

B.美国

C.中国

327.克里卡列夫何时打破了其同胞阿夫杰耶夫创造的太空停留时间最长的纪录？

A.2004 年

B.2005 年

C.2006 年

328.首位乘美国航天飞机飞行的俄罗斯航天员是谁？

A.谢尔盖·克里卡列夫

B.阿姆斯特朗

C.谢尔盖·阿夫杰耶夫

329.迄今为止，世界上最大的太空空间站是哪个呢？

A.礼炮号

B.国际空间站

C.天宫号

330.国际空间站的设想是谁最早提出来的？

A.美国总统罗斯福

B.英国首相丘吉尔

C.美国总统里根

331.国际空间站正式开始实施于哪一年？

A.1991 年

B.1992 年

C.1993 年

332.下列哪一项不是国际空间站的首要成员国？

A.瑞士

B.美国

C.俄罗斯

333.下列哪一项不是载人航天器家族中的成员？

A.载人飞船

B.人造卫星

C.航天飞机

334.航天器进入太空的主要动力来源是什么？

A.运载火箭

B.自己配备动力

C.太阳能

335.正常情况下，火箭燃料耗尽后，以下哪个不是航天器的运动方向？

A.进入绕地球轨道

B.继续飞向太空

C.向地球下落

336.下列哪一项不是提高火箭的飞行速度的方法？

A.提高火箭发动机的喷气速度

B.降低火箭的质量比

C.提高火箭的质量比

337.谁成为人类航天史上遨游太空的第一人？

A.尤里·加加林

B.阿姆斯特朗

C.谢尔盖·阿夫杰耶夫

338.载人航天器中最小的一种是什么？

A.载人航天飞机

B.载人飞船

C.空间站

339.下列哪一项不是人类目前能使用的飞船？

A.卫星式载人飞船

B.登月载人飞船

C.星际载人飞船

340.飞船的控制中心通常是什么？

A.轨道舱

B.座舱

C.服务舱

341.下列哪一项属于狭义的太空行走？

A.太空施放卫星

B.宇航员只身进入太空的出舱活动

C.宇航员检查和维修航天器

342.人类第一次太空行走采用的是下列哪种方式？

A."脐带式"太空行走

B."自由式"太空行走

343.下列哪一项不是"脐带式"太空行走中带子的作用？

A.提供生命保障功能

B.保险作用

C.帮助宇航员进行远距离行走

344.人类历史上第一次太空行走是在下列哪一年？

A.1965 年

B.1967 年

C.1971 年

345.下列哪一项不是进行太空对接的装置？

A.航天器控制系统

B.对接机构

C.卫星系统

346.太空对接技术是下列哪个国家最先尝试的？

A.美国

B.中国

C.英国

347.下列哪个国家在世界上第一次实现由两艘载人飞船所进行的太空对接飞行任务？

A.美国

B.苏联

C.英国

348.美国"阿波罗号"登月飞船完成任务时，登月舱与下列哪一项对接？

A.后座舱

B.指挥舱

C.轨道舱

349.航天飞机通常是怎么样起飞和降落的？

A.垂直起飞、水平降落

B.垂直起飞、垂直降落

C.水平起飞、水平降落

350.航天飞机可以重复使用吗？

A.不可重复使用

B.可全部重复使用

C.可部分重复使用

351.下列哪种航天飞机的组成部分不可重复使用？

A.轨道器

B.固体燃料助推火箭

C.外部燃料箱

352.世界上第一架航天飞机是下列哪个国家发射的？

A.美国

B.苏联

C.英国

353. 飞船在航天飞行中的昼夜周期
与地球上的昼夜周期是否相
同？

A. 不同

B. 相同

354. 飞船在航天飞行中的昼夜周期
与什么有关？

A. 飞船速度

B. 飞船运行轨道的高低

C. 飞船运行轨道的大小

355. 飞船绕地球飞行的轨道越高，
昼夜周期怎么样变化？

A. 越长

B. 越短

C. 不变

356. 航天员一般喜欢怎样睡觉？

A. 靠着天花板睡

B. 飘在舱内

C. 贴着舱壁

357. 下列哪一项不属于太空天然的
优良条件？

A. 绝对没有空气

B. 绝对没有污染

C. 受地球引力的干扰

358. 苏联首次实现十字花科植物拟
南芥在空间站上完成从播种到
收获种子是在下列哪一年？

A. 1957 年

B. 1982 年

C. 2007 年

359. 参与太空实验的角齿藓在太空
中怎么样生长？

A. 无序生长

B. 一直向上生长

C. 成长为螺旋形状

360. 太空失重状态下，植物的生长
发育和地球上有区别吗？

A. 没有

B. 有

361. 目前已知的太阳系中的天体表
面环境与地球最接近的是哪
个？

A. 金星

B. 火星

C. 木星

362.下列哪一项是人类第一个火星
探测器?

　　A."火星"一号

　　B."勇气号"火星探测器

　　C."机遇号"火星探测器

363.下列哪一项是迄今为止 NASA 最
先进的火星探测器?

　　A.勇气号

　　B.机遇号

　　C.好奇号

364.下列哪一位是第一个用望远镜开
始探索火星的科学家?

　　A.伽利略

　　B.开普勒

　　C.牛顿

365.第一位在执行太空飞行任务时
献身的宇航员是下列哪个国家
的?

　　A.苏联

　　B.美国

　　C.英国

366.下列哪一项不是科马罗夫被授
予的称号?

　　A."苏联英雄"

　　B."共和英雄"

　　C."列宁勋章"

367.第一位进行太空行走的女宇航
员是谁?

　　A.萨维茨卡娅

　　B.捷列什科娃

　　C.香农·卢西德

368.下列哪一项是目前世界上飞行
速度最快的人造飞行器?

　　A."火星"一号

　　B."旅行者"1号

　　C."勇气"号

369.下列哪一项是中国发射成功的
第一颗人造地球卫星?

　　A.东方红一号

　　B.长征一号

　　C.实践一号

370.下列哪一项是中国第一艘无人
宇宙飞船使用的运载火箭?

　　A.长征二号

　　B.长征一号

　　C.实践一号

371.中国第一位进入太空的航天员是谁？

A.聂海胜

B.杨利伟

C.翟志刚

372.下列哪一项是中国第一个空间实验室？

A.天宫二号

B.天宫一号

C.天宫三号

373.观测远距离事物需要用到下列哪种光学仪器？

A.望远镜

B.显微镜

C.凸透镜

374.望远镜在进行观测时，倍率是怎样的？

A.按一定倍率放大

B.按一定倍率缩小

C.任意倍率放大

375.现代大型望远镜的集光能力与口径有什么关系？

A.口径越小，集光能力越强

B.口径越大，集光能力越强

C.口径越大，集光能力越弱

376.下列哪一项不属于天文望远镜？

A.射电望远镜

B.红外望远镜

C.潜望镜

377.目前已知的世界上最古老的天文台是哪个国家建造的？

A.埃及

B.中国

C.印度

378.现在的天文台一般会设置在什么地方？

A.平原

B.低谷

C.高山

379.下列哪个地方不是目前世界公认的三大最好的天文台的所在地？

A.长白山

B.安第斯山

C.加纳利群岛

宇宙中的天体包括：恒星（如太阳）、行星（如地球）、卫星、彗星、小行星、星团、星系等。

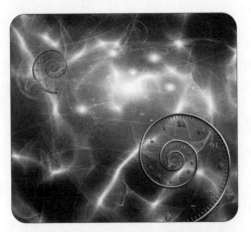

暗物质又叫作暗质，并不是指黑暗中的物质，而是指在电磁波的观测下我们无法进行研究，也就是说自身不发射电磁辐射也不与电磁力产生作用的物质。

001	002	003	004	005	006	007	008	009	010	011	012	013	014	015	016
C	B	A	C	A	B	A	A	B	B	C	A	B	A	C	B

017	018	019	020	021	022	023	024	025	026	027	028	029	030	031	032
A	C	B	C	B	B	C	A	A	B	C	B	A	C	A	B

033	034	035	036	037	038	039	040	041	042	043	044	045	046	047	048
C	A	C	B	C	A	C	A	B	C	B	A	B	C	B	A

049	050	051	052	053	054	055	056	057	058	059	060	061	062	063	064
B	B	A	A	A	C	B	B	A	A	B	A	B	A	B	B

065	066	067	068	069	070	071	072	073	074	075	076	077	078	079	080
A	C	A	A	B	C	C	A	B	C	A	C	B	A	B	B

081	082	083	084	085	086	087	088	089	090	091	092	093	094	095	096
C	A	A	C	B	A	B	C	A	A	C	B	A	C	B	A

097	098	099	100	101	102	103	104	105	106	107	108	109	110	111	112
B	B	A	B	C	B	A	B	C	A	A	B	C	A	B	B

113	114	115	116	117	118	119	120	121	122	123	124	125	126	127	128
A	A	C	C	A	C	A	A	A	A	A	B	C	B	A	C

129	130	131	132	133	134	135	136	137	138	139	140	141	142	143	144
B	B	A	A	C	C	A	B	A	C	A	B	C	A	A	B

145	146	147	148	149	150	151	152	153	154	155	156	157	158	159	160
A	A	B	B	C	A	C	C	C	B	A	A	B	A	A	C

161	162	163	164	165	166	167	168	169	170	171	172	173	174	175	176
B	C	C	B	A	B	C	B	A	B	C	A	B	A	C	B

177	178	179	180	181	182	183	184	185	186	187	188	189	190	191	192
C	A	A	C	B	C	B	A	C	C	A	C	A	B	B	C

193	194	195	196	197	198	199	200	201	202	203	204	205	206	207	208
B	C	B	C	C	B	B	A	B	A	A	C	B	C	B	A

209	210	211	212	213	214	215	216	217	218	219	220	221	222	223	224
B	B	A	B	B	C	A	C	C	A	B	A	C	C	A	B

225	226	227	228	229	230	231	232	233	234	235	236	237	238	239	240
A	B	A	B	B	C	C	B	C	B	C	B	C	A	B	B

241	242	243	244	245	246	247	248	249	250	251	252	253	254	255	256
C	A	B	B	C	A	C	A	B	A	A	C	B	B		

257	258	259	260	261	262	263	264	265	266	267	268	269	270	271	272
A	A	C	B	C	A	C	A	A	C	A	C	A	C	B	C

273	274	275	276	277	278	279	280	281	282	283	284	285	286	287	288
B	C	C	B	B	B	B	A	A	A	B	B	B	A	C	A

289	290	291	292	293	294	295	296	297	298	299	300	301	302	303	304
B	B	C	B	A	C	B	C	B	C	B	A	C	A	B	C

305	306	307	308	309	310	311	312	313	314	315	316	317	318	319	320
B	C	A	B	C	C	A	B	C	B	A	B	A	B	A	A

321	322	323	324	325	326	327	328	329	330	331	332	333	334	335	336
C	B	C	B	B	A	B	A	C	A	C	A	B	A	B	C

337	338	339	340	341	342	343	344	345	346	347	348	349	350	351	352
A	B	C	B	B	A	C	A	C	A	B	B	A	C	C	A

353	354	355	356	357	358	359	360	361	362	363	364	365	366	367	368
A	B	A	C	C	B	C	B	B	A	C	A	A	B	A	B

369	370	371	372	373	374	375	376	377	378	379					
A	A	B	B	A	A	B	C	A	C	A					

001	002	003	004	005	006	007	008	009	010	011	012	013	014	015	016
017	018	019	020	021	022	023	024	025	026	027	028	029	030	031	032
033	034	035	036	037	038	039	040	041	042	043	044	045	046	047	048
049	050	051	052	053	054	055	056	057	058	059	060	061	062	063	064
065	066	067	068	069	070	071	072	073	074	075	076	077	078	079	080
081	082	083	084	085	086	087	088	089	090	091	092	093	094	095	096
097	098	099	100	101	102	103	104	105	106	107	108	109	110	111	112
113	114	115	116	117	118	119	120	121	122	123	124	125	126	127	128
129	130	131	132	133	134	135	136	137	138	139	140	141	142	143	144
145	146	147	148	149	150	151	152	153	154	155	156	157	158	159	160
161	162	163	164	165	166	167	168	169	170	171	172	173	174	175	176
177	178	179	180	181	182	183	184	185	186	187	188	189	190	191	192
193	194	195	196	197	198	199	200	201	202	203	204	205	206	207	208
209	210	211	212	213	214	215	216	217	218	219	220	221	222	223	224
225	226	227	228	229	230	231	232	233	234	235	236	237	238	239	240
241	242	243	244	245	246	247	248	249	250	251	252	253	254	255	256
257	258	259	260	261	262	263	264	265	266	267	268	269	270	271	272
273	274	275	276	277	278	279	280	281	282	283	284	285	286	287	288
289	290	291	292	293	294	295	296	297	298	299	300	301	302	303	304
305	306	307	308	309	310	311	312	313	314	315	316	317	318	319	320
321	322	323	324	325	326	327	328	329	330	331	332	333	334	335	336
337	338	339	340	341	342	343	344	345	346	347	348	349	350	351	352
353	354	355	356	357	358	359	360	361	362	363	364	365	366	367	368
369	370	371	372	373	374	375	376	377	378	379	380	381	382	383	384
385	386	387	388	389	390	391	392	393	394	395	396	397	398	399	400